Dieter Buck

Aussichtsziele im Ländle

Dieter Buck

Aussichtsziele im Ländle

- Wandern
- Entdecken
- Erleben

Silberburg-Verlag

Umschlagfoto: Blick von der Burg Teck auf das Albvorland

Dieter Buck
1953 geboren, verfasst der Stuttgarter seit vielen Jahren Wandervorschläge, Tipps für Radtouren und Reisebeschreibungen für verschiedene Zeitungen und Magazine im In- und Ausland. Außerdem veröffentlichte er zahlreiche Bücher: Wander-, Radwander- und Reiseführer. Er ist Herausgeber des »Schwaben-Kalenders« und Redaktionsleiter von »Schwaben Alpin«. Dieter Bucks Themengebiete sind Süddeutschland, insbesondere Baden-Württemberg und das Allgäu, sowie der deutsche und österreichische Alpenraum.

1 2 3 4 5 08 07 06 05 04

Alle Wegbeschreibungen erfolgen nach bestem Wissen und Gewissen.
Autor und Verlag können jedoch keine Haftung übernehmen,
auch nicht bei etwaigen Unfällen.
Die Benützung dieses Buches geschieht auf eigenes Risiko.

Umschlaggestaltung: Frank Butzer unter Verwendung eines Fotos von Dieter Buck.
Bilder im Innenteil: Dieter Buck.
Kartengrundlage:
Topographische Karte 1 : 50 000 Baden-Württemberg,
© Landesvermessungsamt Baden-Württemberg (http://www.lv-bw.de)
vom 29. 06. 2004, Az.: 2851.2-D/3327 (Touren 1–11 und 13–30);
Rasterdaten des Stadtmessungsamtes der Landeshauptstadt Stuttgart (Tour 12);
bearbeitet durch den Verlag.
Lektorat: Werner Brenner.
Layout und Satz: textdesign, Martin Fischer, Tübingen.
Druck: Gulde-Druck GmbH, Tübingen.
Printed in Germany.

ISBN 3-87407-626-1

Inhalt

Aussichtsziele im Ländle
Mannheim
Ludwigshafen
Heidelberg
Neckar
Rhein
Heilbronn
Jagst
Schwäbisch Hall
Kocher
Karlsruhe
Pforzheim
Enz
Vaihingen/Enz
Ludwigsburg
Backnang
Baden-Baden
Leonberg
Waiblingen
Rems
Aalen
STUTTGART
Esslingen
Göppingen
Schwäbisch Gmünd
Calw
Nagold
Fils
Heidenheim
Geislingen
Tübingen
Reutlingen
Freudenstadt
Münsingen
Ulm
Iller
Balingen
Albstadt
Rottweil
Donau
Sigmaringen
Tuttlingen
SCHWARZWALD
SCHWÄBISCHE ALB
1
2
3
4
5
6
7
8
9
10
11
12
13
14
15
16
17
18
19
20
21
22
23
24
25
26
27
28
29
30

Schöne Aussichten

Aussicht – das ist ein Zauberwort für viele, die ihren nächsten Sonntagsausflug planen. Neben anderen Verlockungen wie Burgen, Wasserfällen oder sonstigen Natursehenswürdigkeiten ist ein Aussichtspunkt immer ein erstrebenswertes Ziel. Ein Ausblick bietet Orientierung. Schon in früher Reiseliteratur wird Aussicht immer als »schön«, »herrlich« oder »großartig« bezeichnet; Aussicht ist etwas Positives, ein Genuss, und im 19. Jahrhundert wurde geschrieben, die von den Verschönerungsvereinen in großer Zahl errichteten Aussichtsplattformen dienten der »Befriedigung der inzwischen allgemein gewordenen Seh-Sucht«.

Wer in den Bergen unterwegs ist, für den ist der Gipfel meist auch wegen der Aussicht das Ziel seiner Tour. Wohl nur wenige sagen wie der englische Alpinist George Mallory auf die Frage, warum er auf den Berg gestiegen sei: »Weil der Berg da ist.«

Die Lust am Sehen, am reinen Landschaftsgenuss kam erst spät auf. Einer der Ersten, die davon schrieben, war vermutlich Francesco Petrarca (1304–1374), dessen (von neueren Forschungen jedoch mittlerweile verneinte) Besteigung des Mont Ventoux (Provence) im Jahr 1336 ja als erste reine Bergtour galt. Er stieg vermutlich nicht wegen der Aussicht auf den Berg, wird aber vielleicht trotzdem den Blick genossen haben. Normalerweise hatten die Menschen früherer Zeiten kein Interesse daran, die Natur galt ihnen als zu wild und gefährlich und die Berge als Orte des Schreckens. Als »schön« galten Landschaften nur, wenn sie flach, höchstens leicht hügelig waren.

Erste Aussichtsgenießer gab es trotzdem. So staunten die Leute auf der Schwäbischen Alb nicht schlecht, als 1794 der Student an der Hohen Karlsschule und spätere Professor der Naturwissenschaften in Kiel Christoph Heinrich Pfaff und ein paar Freunde eine siebentägige Fußreise über die Schwäbische Alb unternahmen – »um eine angenehme Luft- und Weltveränderung zu machen«, denn Pfaff schrieb später in seinen »Phantasien und Bemerkungen auf einer Fußreise durch einen Theil der schwäbischen Alpe, im April 1794« über eine Begegnung mit Einheimischen am Fuß des Roßbergs: »Hier versammelten sich um uns viele Leute, die in dieser Gegend Holz sammelten und sich außerordentlich wunderten, da wir ihnen sagten, dass wir sogar noch den Rossberg besteigen würden, bloß um die Aussicht zu genießen.« Und: »… in seinem eingeschränkten Gesichtspunkte hatte ein Bauer, der uns begleitete, ganz recht, wenn er einen Berg ein wüstes Ding hieß.«

Bereits ein Vierteljahrhundert später, 1823, berichtete Gustav Schwab in seinem Führer »Die Neckarseite der Schwäbischen Alb«, dass der Genuss der Aussicht vom Roßberg zum Sonntagsvergnügen der städtischen Bürger geworden sei. Sogar eine Art Turm soll es gegeben haben. Auch Goethe hatte das »sehnlichste Verlangen« nach Aussicht, und das, obwohl er nicht schwindelfrei war – ein Phänomen, das sich als »Sehkrankheit« an der Wende zum 19. Jahrhundert anscheinend häufte. Man mied aber nicht die Schwindel erregenden Situationen, sondern suchte sie »freiwillig und begierig« auf, um sie durch Gewohnheit zu überwinden. Goethe beispielsweise »heilte« seine Angst vor Blicken in die Tiefe durch eine Radikalkur, indem er sich in große Höhen zwang: »Dergleichen Angst und Qual wiederholte ich so oft, bis der Eindruck mir ganz gleichgültig war, und ich habe nachher bei Bergreisen und geologischen Studien, bei großen Bauten, wo ich mit den Zimmerleuten um die Wette über die freiliegenden Balken und über die Gesimse des Gebäudes herlief, ja in Rom, wo man eben dergleichen Wagstücke ausführen muß, um bedeutende Kunstwerke näher zu sehen, von jenen Vorübungen großen Vortheil gezogen.«

Der Philosoph, Maler und Arzt Carl Gustav Carus schrieb 1828 auf seiner Italienreise, als er in Florenz einen Hügel mit Zypressen bestieg, um seine »Seh-Sucht« zu befriedigen: »Heute früh konnte ich nicht unterlassen, vor allem den Zypressenhügel, meinem Fenster gegenüber und mir halb durch Mauern verdeckt, selbst zu ersteigen. Der Anblick über Stadt und Land und Gebirge hinaus, das Lorbeer- und immergrüne Eichengehölz, die großen Zypressen, die eigentümlichen Baulichkeiten; es war herrlich!« Reisende wie etwa der Hamburger Domherr Johann Laurenz Meyer bestiegen in fremden Städten immer zuerst den Kirchturm, um sich über den Ort zu orientieren – es gab noch keine Stadtpläne!

Joseph Rabl, der Ende des 19. Jahrhunderts die Alpen bereiste und Reiseführer verfasste, begeisterte sich natürlich für den Blick in die Ferne, für den er verschiedene

Abstufungen »erfand«: »… schöne Aussicht, sehr schöne Aussicht, weite Aussicht, prachtvolle Aussicht, ungewöhnlich schöne Aussicht.«

Wo es keinen natürlichen Aussichtspunkt gab, wurden von den Wandervereinen oder den Orten beziehungsweise ihren Verschönerungsvereinen Aussichtstürme erbaut. Joachim Kleinmann schreibt über diese Türme: »Sie grüßen von ungezählten Bergeshöhen, bieten uns Weitblick und Rundschau, bilden einen point de vue, sind nicht nur Aussichts-, sondern auch Ansichtsarchitektur: die Aussichtstürme. Doch sie zieren den deutschen Wald nicht schon seit Urzeiten …« Aussichtstürme sind ab Ende des 18. Jahrhunderts entstanden, der erste reine Aussichtsturm im Jahr 1772 im Odenwald. Dem bald ausgebrochenen Bauboom liegt laut Kleinmann die »Seh-Sucht« des Menschen, das Verlangen nach ungezähmter Natur, aber auch, ganz profan, die zunehmende Freizeit zu Grunde.

Im 19. Jahrhundert wurden zahlreiche Türme errichtet. Triebfeder waren Geschichts- und Verschönerungsvereine. In Württemberg betrieb der Schwäbische Albverein ab 1888 den Bau von 60 Türmen. Die nationale Euphorie nach der Reichsgründung 1871 tat das Ihrige zu dieser Welle, und nicht umsonst wurden später zahlreiche »Bismarcktürme« erbaut. Realisiert wurden allerdings lange nicht alle Pläne.

Im Kaiserreich gehörte der Bau von Türmen zur patriotischen Propaganda. Es gab aber auch namhafte Gegner von Aussichtstürmen. So schrieb der bieder deutschtümelnde Paul Schultze-Naumburg, später nationalsozialistischer Kulturtheoretiker, Anfang des 20. Jahrhunderts für die Heimatschutzbewegung: »Diese krankhaften Formen, wie sie in den letzten Jahrzehnten herrschten, haben nun überall das Land auf seinen sichtbarsten Punkten aufs hässlichste entstellt.«

Die ersten Türme wurden häufig »nach der Art der aus dem Mittelalter überlieferten Wartthürme« errichtet, obwohl sie oft auch als Denkmal dienten. So entstanden nach dem Tod von Kaiser Wilhelm I. 1888 in Deutschland viele Türme zu seinem Gedenken – der erste bereits 1890 –, ebenso zu seinem 100. Geburtstag. Ab etwa 1840 gab es in nahezu hundert Städten und Gemeinden im Königreich Württemberg Pläne von Verschönerungsvereinen und ähnlichen Institutionen zum Bau von Aussichtstürmen, die oft an historisch bedeutsamen Orten stehen sollten. Bis zum Deutsch-Französischen Krieg 1870/71 war nur der Turm bei Sternenfels realisiert. Die geplanten Bauwerke wie auch die Ende des 19. Jahrhunderts in ganz Deutschland erbauten Bismarcktürme wiesen ein recht trutziges Aussehen auf und erinnerten an mittelalterliche Wehr- und Burgtürme. In Baden-Württemberg gibt es heute acht Bismarcktürme.

Das Wort »Aussichts-Turm« tauchte erstmals um 1800 auf. Andere Bezeichnungen waren Warte oder Wartturm. Gegen Ende des 19. Jahrhunderts erschien auch der Begriff »Luginsland«. Das Wort (Aussichts-)»Plattform« kommt aus dem Französischen, wo »plateforme« im 17. Jahrhundert als kriegstechnischer Begriff benutzt wurde, um 1800 aber bereits im sprachlichen Umfeld von »Blicken/ Sehen« zu finden war.

Im 19. Jahrhundert ergriff die Menschen eine richtige »Aussichtsmanie« (Kleinmann), als wäre ein Damm gebrochen. Dabei konnte die oberste Bevölkerungsschicht schon vorher Aussichten aus den höheren Stockwerken ihrer Anwesen, im Barock aus dem Belvedere, genießen. Für die Bürger nahmen sich die Verschönerungsvereine der Sache an, und auch der Schwäbische Albverein ging aus dieser Vorliebe für schöne Aussichten hervor. Er hat seine Gründung einem Turmprojekt zu verdanken, das aus finanziellen Gründen ins Stocken geraten war: Der Kirchheimer Verschönerungsverein hatte sich 1888 mit dem Bau eines Turmes auf der Teck übernommen. Andere Vereine sprangen helfend ein, woraus schließlich der am 13. August 1888 gegründete Schwäbische Albverein entstand.

Oft reicht ein Fels oder eine über die Fläche sich erhebende Kuppe, um Aussicht zu ermöglichen. Beispielweise der Gräbelesberg, der Lochenstein oder die verschiedenen Punkte auf dem Raichberg, die alle in diesem Buch geschildert werden, bieten natürliche Aussichtsmöglichkeiten. In unseren Mittelgebirgen ist der Fernblick von den Höhen oft verstellt von hohen Bäumen. Deshalb hat man zahlreiche Aussichtstürme erbaut, die ursprünglich über den Wald ragten, teilweise aber von ihm eingeholt wurden.

Anfangs waren es einfache Gerüste oder Hochstände, später erbaute man stabile Türme aus Holz, Mauerwerk oder Beton. Zu den eigenwilligsten in unserer Gegend gehören der Turm auf dem Schönberg bei Pfullingen, geplant von dem berühmten Architekten Theodor Fischer, der Hagbergturm mit seinem pagodenartigen Oberbau oder das eiserne Aussichtsgestell auf der Büchenbronner Höhe.

Schon von Anfang an waren Bauten aus Stahlbeton selten, weil das Material kaum im Einklang mit der Natur stand. Stählerne Gestelle sind im Land beispielsweise der erwähnte Turm auf der Büchenbronner Höhe oder der bereits 1899 erbaute Lembergturm.

Zu den Ressentiments gegen Stahltürme schrieb der Geschäftsführer des Deutschen Bundes Heimatschutz, Werner Lindner, Anfang des 20. Jahrhunderts: »Nicht günstig ist dem Eisen der Umstand, daß es als künstliches Erzeugnis der Natur fremd gegenüber steht. Sein Anblick löst daher in freier urwüchsiger Wald- und Gebirgsgegend bei dem Naturfreund vielfach das Gefühl eines Mißklangs aus, während Stein und Holz als der Natur unmittelbar abgewonnene Stoffe sich dem freien Landschaftsbild von vorneherein viel ungezwungener anschließen.« Kritik an der Eisenbauweise des Lembergturms kam auch vom badischen Architekten Anton Klein. Obwohl er darauf verwies, dass der Badische Schwarzwaldverein und der Vogesenverein auf stählerne Aussichtstürme verzichten, bauten die Württemberger ihren stählernen Lembergturm.

Außer Aussichts- und Kirchtürmen gibt es eine Menge »natürlicher« Aussichtspunkte. In der Regel sind es frei stehende Felsen am Rande der Schwäbischen Alb; auch Bergkuppen auf der Fläche bieten sich an. Der Unterschied ist, dass man von Aussichtsfelsen einen oft dramatischen Tiefblick in ein Tal hinab oder längs des Tales hat. Bei Aussichtstürmen, die sich oft auf Kuppen oder auf der Fläche befinden, hat man dagegen meist einen weiteren Blick, oft 360 Grad! Je nach Sichtverhältnissen sieht man bis zu den Alpen. Doch das wurde nicht immer geschätzt: »Überhaupt sehen wir besser davon ab, der Alpenfernsicht, die in der guten Jahreszeit so selten ist, eine erhebliche Rolle bei der landschaftlichen Würdigung der Schwäbischen Alb beizumessen. Die Alb hat das gar nicht nötig, und der Fremde, der die Schwäbische Alb kennen lernen will, hat meist sehr wenig Bedürfnis, nach den fernen Alpen zu spähen, zu denen er ja hinreisen könnte, wenn er wollte.« So schrieb 1904 Otto Häcker in den Blättern des Schwäbischen Albvereins.

Abschließend noch ein Kuriosum: In den Anfangszeiten des Schwäbischen Albvereins wurde die Einrichtung eines Alarmdienstes empfohlen, der im Herbst die Stadtbewohner davon unterrichten sollte, wenn man bis zu den Alpengipfeln sehen konnte. Man dachte auch strategisch: »Mit der Ausdehnung des Telefons lassen sich entschiedener noch mehr günstige Punkte finden, von denen aus die Benachrichtigung erfolgen könne.« Heute übernehmen zumindest für den Alpenraum Fernsehsender diese Aufgabe und über das Internet hat man die Möglichkeit, den aktuellen Wetterbericht abzurufen, der allerdings weniger auf überragende Fernsicht hinweist.

Dankbar sein muss man den Mitgliedern der Wandervereine Schwäbischer Albverein und Schwarzwaldverein. Nicht nur, dass von diesen Mitgliedern oft ehrenamtlich die meisten Aussichtstürme im Land errichtet wurden, aus ihren Reihen kommen auch die Ehrenamtlichen, die die Türen für die Besucher offen halten oder die Schlüsselverwahrer sind für solche Leute, die außerhalb der Öffnungszeiten die Aussicht genießen wollen. Auch die notwendigen Renovierungsarbeiten werden von den Mitgliedern geleistet oder bezahlt.

Zum Gebrauch dieses Buches

Gutes Wetter = gute Sicht? So einfach ist die Gleichung natürlich nicht. Erfahrene Bergwanderer wissen genau, dass ein Garant für bleibendes Schönwetter ein gewisser Dunst ist – der leider aber die Fernsicht stört. Klare Sichtverhältnisse, bei denen man von den Aussichtstürmen auf der Alb manchmal bis zur Alpenkette oder zum Schwarzwald sehen kann, sind leider oft Vorboten einer Wetterverschlechterung. Man sollte rasch handeln; einen Tag später wird das schöne Wetter vielleicht der Vergangenheit angehören. Auch nach Schlechtwetterperioden, wenn der Staub aus der Luft verschwunden ist, hat man oft eine herrliche Sicht. Nicht umsonst spricht man von einem »reinigenden Gewitter«. Gut für die Fernsicht sind Tage mit Wind – je stürmischer, desto besser.

Gute Sichtverhältnisse herrschen nicht nur bei Sonnenschein, sondern oft auch bei bedecktem Himmel. Die Aussicht wirkt spannender als bei einem blauen, wolkenlosen Himmel. Ein schwarzer, wolkenverhangener Himmel vor einem Gewitter, womöglich mit letzten Resten von Sonnenschein oder einem Regenbogen, kann in seiner Dramatik etwas Wunderbares sein!

Der Feuchtigkeitsgehalt der Luft wirkt sich auch auf die Klarheit aus. So herrscht bei trockenem Wetter gute Fernsicht, bei feuchter Luft behindern Dunst oder gar Nebel den Blick.

Vor allem die kalte Jahreszeit bietet dem Freund schöner Ausblicke einiges; es gibt öfters klare Tage mit wunderbaren Fernblicken. Dazu kommt, dass man im Herbst und Winter die Struktur einer Landschaft oft besser erkennen kann als im Sommer, wenn ein dichtes Laubkleid die Bäume verhüllt. Die wenigen Farben im Winter – weißer Schnee und blauschwarze, kahle Baumstämme – bieten einen grafisch interessanten Anblick.

Unvergleichliche Fernsicht herrscht bei winterlichen Inversionslagen, wenn sich im Tal der Nebel sammelt, es dort kalt und trübe ist, und auf den Höhen über der Sperrschicht, die diese Wetterlage verursacht, die Sonne scheint. Leider sind die in diesem Buch geschilderten Berge nicht hoch genug, so dass es selten – und dann nur auf den höchsten Erhebungen der Schwäbischen Alb – zu solchen Erlebnissen kommt. Auch im Sommer kann es Inversionslagen geben, allerdings nicht so ausgeprägt wie im Winter. Sie machen sich vor allem durch eine fernsichtfeindliche Dunstschicht bemerkbar.

Lohnenswert ist natürlich auch der Blick im Frühling auf weite Flächen mit blühenden Bäumen. Die Ausblicke vom Reußenstein oder von der Teck herab, aber auch vom südlichen Schönbuchrand ins Ammertal sind legendär!

Eine kleine Wetterkunde

Mit Wetterverschlechterung muss man rechnen

- bei überwältigender Fernsicht, vor allem im Sommer,
- bei weißlich werdendem Himmel, Sonnenringen, Sonnen- und Mondhöfen, Morgenrot,
- wenn Zirrus-, Feder-, Schleier- und Schäfchenwolken rasch aufziehen und sich verdichten,
- bei strukturlosen Schichtwolken,
- wenn an Winter- oder Frühlingstagen die Temperaturen ungewöhnlich hoch sind,
- bei Gewittern in der Nacht oder am frühen Morgen (Frontgewitter),
- wenn das Gras morgens trocken ist, die Temperaturen nachts nicht abfallen und es morgens immer noch warm und schwül ist,
- wenn sich Wolken abends nicht auflösen,
- bei steigendem Nebel,
- bei zunehmender Windstärke,
- bei Halo-Erscheinungen (durch Brechung oder Spiegelung in der Atmosphäre entstehende Lichterscheinungen),
- wenn Wolkenbänke nach oben aufgerichtete »Türmchen« haben oder mächtige Wolkenmassen blumenkohlartig emporwachsen (Gewittergefahr),
- wenn die Wolken »Ambosse« ausbilden (große Gewittergefahr!),
- wenn der Höhenmesser zu hohe Höhen anzeigt.

- Je früher am Vormittag sich Quellwolken bilden und je schneller sie größer werden und sich ausbreiten, umso größer ist die Gewittergefahr.

Mit gleich bleibendem Schönwetter kann man rechnen

- bei Dunst und damit schlechter Fernsicht,
- wenn die Temperatur nachts absinkt, es morgens kühl und das Gras feucht vom Tau ist,
- bei reinem, klarem Abendrot,
- wenn Haufenwolken bei einer Schönwetterlage mittags und nachmittags am Himmel schweben, abends aber wieder verschwinden,
- wenn die Wolkendecke unregelmäßig aufreißt,
- wenn erst einmal ein Hoch herrscht, denn dann bleibt es auch für einige Zeit: Hochdrucklagen sind sehr träge und bleiben vor allem im Winter lange Zeit ortsfest über dem kalten Festland,
- bei durchscheinenden Schichtwolken,
- bei sinkendem Nebel,
- bei abnehmender Windstärke,
- bei Nebel und Hochnebel, denn sie weisen auf das Fortbestehen einer Hochdrucklage hin,
- wenn der Höhenmesser zu tiefe Werte aufweist.

Verhalten bei Gewitter

- Darauf achten, dass man nicht die höchste Stelle im Gelände bildet; Aussichtsfelsen, Felsen und hochgelegene Stellen meiden. Keinesfalls unter Bäumen Schutz suchen. Solche Punkte schnellstmöglich verlassen.

Auch wenn in den Tälern Nebel liegt, kann es schön sein.

- Nach Möglichkeit trockene Felshöhlen oder Bergmulden aufsuchen.
- Nicht am Waldrand bleiben, sondern in den Wald hineingehen.
- Nicht flach auf den Boden legen (Überspannung!). Hockstellung mit geschlossenen Beinen einnehmen.
- Metallgegenstände aller Art vom Körper entfernen und in einiger Entfernung niederlegen.
- Wenn etwas weiter weg ein Gewitter tobt, ausrechnen, wie weit es weg ist und ob es näher kommt. Die Sekunden zwischen Blitz und Donner zählen und mal 330 nehmen; dies ergibt die Entfernung in Metern .

Wie man den Dunst wegzaubert

Wer hat sich nicht schon geärgert, wenn er bei schönstem Wetter einen Aussichtspunkt aufgesucht hatte und er trotz Sonnenschein in der Ferne nur Dunst sah? Den engagierten Hobbyfotografen kann dies weniger beeindrucken, weiß er doch um die Kraft der Filter. Allerdings: Wunder vollbringen können auch diese nicht. Aber man ist doch erstaunt über die Resultate, denn man sieht hinterher auf den Bildern oft mehr, als man in Wirklichkeit gesehen hatte. Vor allem drei Filter sind es, die helfen, den Dunst zu durchdringen.

In Fotobüchern wird als dunstmildernd meist ein **UV-Filter** empfohlen, denn die ultraviolette Strahlung verursacht einen Blaustich und erzeugt Unschärfe. Die meisten Objektive heute sind zwar mit einer UV-Absorbtionsschicht vergütet, so dass das Filter eigentlich entbehrlich wäre. Da es aber gleichzeitig zum Schutz des Objektives dient, kann es durchaus empfohlen werden. Auch ein **Skylight-Filter,** das vor allem die warmen Farben unterstützt und Blaustichigkeit verhindert, durchdringt den Dunst; es sperrt ebenfalls einen Teil der UV-Strahlung aus. Mit seiner Hilfe werden zu grüne oder zu blaue Schatten neutraler wiedergegeben, vor allem in Schattenlagen bei wolkenlosem Himmel.

Polfilter dienen eigentlich dazu, Lichtreflexe an Glas- und Wasserflächen sowie an nichtmetallischen Flächen zu reduzieren. Auch die Farben werden intensiver. Man kann außerdem je nach Sonnenstand beziehungsweise Blickrichtung das Blau des Himmels intensivieren; das kann im Extremfall bis zu einem fast schwarzen Dunkelblau gehen. Gleichzeitig wird auch der Dunst besser durchdrungen. Allerdings muss berücksichtigt werden, dass Polfilter Licht schlucken, etwa eine halbe bis eineinhalb Blendenstufen. Der optimale Aufnahmewinkel liegt bei 30 bis 40 Grad zur reflektierenden Fläche. Seine beste Wirkung entfaltet das Filter bei seitlich einfallendem Sonnenlicht, während seine Anwendung bei Gegenlicht kaum etwas bringt.

Aussichtstour am Heuchelberg

Zur Heuchelberger Warte

Nordhausen – Heuchelberger Warte – Heerweg – Burg Neipperg – Nordhausen

Die Wanderung führt um die Bergzüge des Heuchelbergs, wo wir fast immer eine prächtige Aussicht über die Weinberge haben. Außerdem können wir einen Aussichtsturm besteigen, einen ehemaligen Wachtturm des württembergischen Landgrabens, und einen Blick auf die Burg Neipperg mit ihren zwei Bergfrieden werfen. Besonders schön ist dieser Ausflug im Herbst, wenn das Weinlaub bunt leuchtet.

Der Aussichtsturm erinnert an den Bergfried einer Burg.

- **Ausgangspunkt:**
  Nordheim-Nordhausen.

- **Wegverlauf:**
  Wo die von Süden kommende Durchgangsstraße nach rechts abknickt, gehen wir geradeaus in der Heuchelbergstraße nach Norden. Sie steigt an, wir verlassen den Ort. Danach fällt die Straße ins *Katzen-*

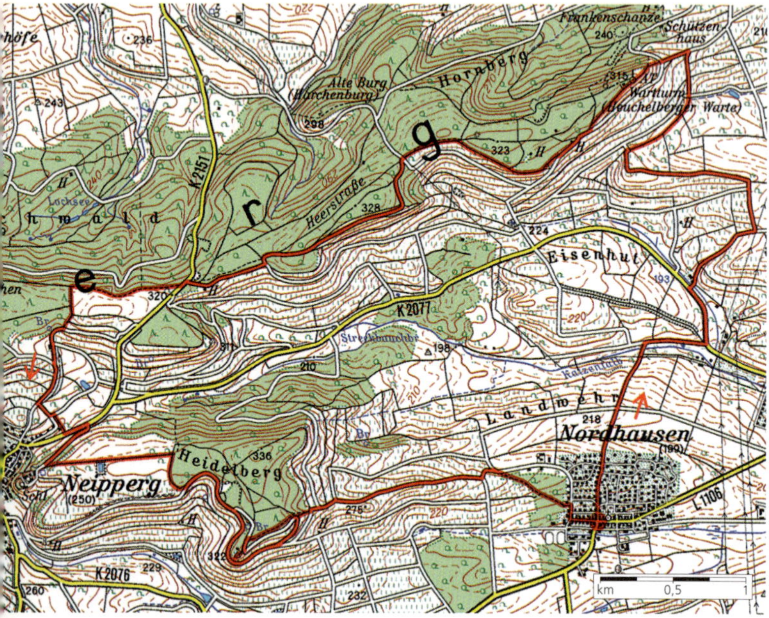

bachtal ab, wo wir uns nach rechts orientieren. Kurz darauf treffen wir auf die Landstraße.

Ihr folgen wir nach links. Vor dem nächsten Gehöft nehmen wir den rechts abzweigenden Weg. Direkt vor den Hochspannungsleitungen biegen wir links ab. Nach dem Weinberg führt der Asphaltweg nach links; kurz darauf an der Verzweigung mit prächtigem Ausblick bleiben wir rechts. Im Tal biegen wir rechts ab. Der Weg steigt allmählich an; etwas später folgen wir dem blauen Kreuz. Wo es nicht mehr geradeaus geht, biegen wir links ab und steigen hoch zum schon lange sichtbaren Aussichtsturm *Heuchelberger Warte*.

Die **Heuchelberger Warte** (315 m) ist nordwestlicher Eckpfeiler des Landgrabens und wurde von Graf Eberhard im Bart 1483 als Wachtturm an der württembergischen Landesgrenze erbaut. Von hier aus sollte der Landgraben, eine Art schwäbischer Limes, überwacht werden. Der Turm steht auf Markung Großgartach einige hundert Meter außerhalb altwürttembergischen Gebiets, was beim Bau zu politischen Verwicklungen geführt haben soll.

Der aus Schilfsandstein gemauerte Turm wurde mehrfach verändert. Früher lag der Eingang in sechs Metern Höhe und war nur über Leitern erreichbar. 1897/98 wurde der Turm unter Mitwirkung des Schwäbischen Albvereins erhöht und der Öffentlichkeit zugänglich gemacht. Der Blick schweift vom Kraichgau bis zum Odenwald im Nordwesten, über die Löwensteiner Berge mit dem Aussichtsturm auf dem Steinknickle im Osten zu den Höhen um Stuttgart mit dem Fernsehturm im Süden und umfasst das halbe Unterland mit Heilbronn. Bei klarer Sicht erkennt man den Pfälzer Wald im Nordwesten und die Alb mit dem Hohenneuffen und der Teck im Süden.

Der Panoramaweg führt uns links des Waldrands weiter. Er beginnt unter dem Turm, ist mit dem Zeichen des württembergischen Weinwanderweges markiert und geht nach Westen. Nach einem Parkplatz bei Kleingärten nehmen wir den nach der Querstraße etwas nach links ziehenden Heerweg. Er knickt gleich darauf links ab und führt aus dem Wald hinaus, wo wir nach rechts weitergehen. Später kommen wir wieder in den Wald; hier mündet bald der mit rotem Strich markierte Frankenweg von rechts ein. Kurz danach geht es links ins Freie und weiter nach Westen. Nach dem Parkplatz stoßen wir auf die Landstraße.

Etwas nach links versetzt geht es auf der anderen Seite links des Waldrandes mit dem roten Strich in Richtung »Drei Eichen«. Am nächsten Waldrand nehmen wir den nach links knickenden Rotpunktweg (auf der Karte mit rotem Strich markiert).

Blick vom Fuß der Heuchelberger Warte ins weite Unterland

Vor dem Steilabfall bei den Weinbergen zieht der Weg nach links; wir folgen jedoch dem Zeichen geradeaus, bergab zu einem Weinbergsträßchen, dem wir nach rechts folgen, vorbei an einem Brunnen und einem langen Haus.

Der Weg führt nach Westen. Wo an einer Kreuzung ein von links kommender Parallelweg mündet, biegen wir im rechten Winkel links ab. Nach den Gebäuden links nehmen wir nicht den nach rechts führenden Weg, sondern den links des Bächleins verlaufenden, der uns geradeaus hinauf zur Landstraße bringt. Wir gehen auf ihr kurz links und biegen gleich rechts in den Privatweg ein, der zur *Burg Neipperg* führt. Die historisch interessante Anlage können wir nur von außen bewundern, da sie als landwirtschaftliches Anwesen dient.

Als Besonderheit besitzt die **Burg Neipperg** (300 m) zwei romanische, viereckige Bergfriede – wobei diese Definition umstritten ist. Sie war eine Ganerbenburg mit zwei Besitzern, die beim Eintreiben der Abgaben und der Fron getrennte Kasse machten. Die Familie der staufischen Ministerialen von Neipperg wurde 1212 erstmals genannt. Im 19. Jahrhundert wurde die Anlage von dem von der Romantik beeinflussten Alfred August Franz Karl Camillus von Neipperg umgebaut. Aus dieser Zeit stammen das ruinenartige Aussehen des unteren Bergfrieds und der Treppengiebel am Tor.

Wir dürfen nun nicht ins Tal absteigen, sondern müssen vor der Burg den auf der Höhe links nach Osten ziehenden Weg nehmen. Am Waldrand geht es rechts, in einem Bogen um den Waldvorsprung und hinab zu einem Asphaltsträßchen. Wir folgen ihm nach links und bleiben auf ihm, auch da, wo Wegweiser nach links zum Hörnle und zur Gaststätte weisen.

Nach einem Stück Weinbergmauer mit Namensschildern müssen wir uns entscheiden. Wer in der Waldschenke »Hörnle« mit ihrem Biergarten einkehren will (April bis Oktober, kein Ruhetag), steigt auf den Stufen auf markiertem Weg links hinauf und orientiert sich dort nach rechts Richtung Nordhausen. Kurz darauf trifft man auf die Straße; man hält sich kurz links und steigt an der Schranke steil abwärts.

Wer nicht hoch zum Lokal will, bleibt auf dem Sträßchen, hält sich an der Verzweigung links und steigt zum Waldrand, wo er rechts die erwähnte Schranke findet. Nun geht man rechts steil bergab.

Anfangs nach Osten führend macht der markierte Weg nach einiger Zeit einen Links-, dann einen Rechtsknick und leitet zu einem Waldrand kurz vor einem Gehöft. Hier führt der markierte Weg als Pfad rechts in den Wald. Nach dem Wald trifft man auf die Weinbergstraße, der man nach rechts folgt. Etwas später geht man in der Weststraße nach links zurück zur Heuchelbergstraße.

Von der Heuchelberger Warte aus sieht man eine Weinberglandschaft.

- **Länge:**
  Etwa 16 Kilometer.

- **Zeit:**
  Etwa 4 bis 5 Stunden.

- **Höhenunterschied:**
  Etwa 270 Meter.

- **Karte:**
  Freizeitkarte 517 Heilbronn Naturpark Stromberg-Heuchelberg, Landesvermessungsamt Baden-Württemberg.

- **Einkehrmöglichkeiten:**
  Heuchelberger Warte, Waldschenke Hörnle.

- **Sonstiges:**
  Die Wanderung verläuft auf Naturpfaden und festen Wegen.

- **Für Eilige:**
  Unterhalb der Heuchelberger Warte, nach den Sportplätzen, befindet sich ein Parkplatz. Von hier aus steigt man in wenigen Minuten zum Turm hoch.

Im Gebiet Stromberg-Heuchelberg spielt der Weinbau eine große Rolle.

Am Standort einer alten Burg

Vom Eselsburgturm zum Ensinger See

Parkplatz – Eselsburgturm – Ensingen – Ensinger See – Parkplatz

Mitten im Weinbaugebiet des Naturparks Stromberg-Heuchelberg steht im Wald ein Aussichtsturm des Schwäbischen Albvereins am Standort einer ehemaligen Burg: der Eselsburgturm. Der kleine Spaziergang führt durch die Weinberge hoch zum Wald, dann ein Stück durch diesen und schließlich an einem See vorbei, der Kindern einen schönen Spielplatz bietet.

■ **Ausgangspunkt:**
Parkplatz zwischen Vaihingen/Enz-Horrheim und -Ensingen.

■ **Wegverlauf:**
Wir nehmen den mit blauem Strich markierten Weg, der vom *Parkplatz* aus auf den bewaldeten Berg oberhalb der Weinberge führt. Wo der Asphaltweg nach links zieht, steigen wir die steile Weinbergtreppe hinauf bis zum nächsten Querweg, folgen ihm nach rechts und zweigen nach der scharfen Linkskurve rechts auf den Naturweg ab. Er bringt uns in wenigen Minuten hoch zum *Aussichtsturm*.

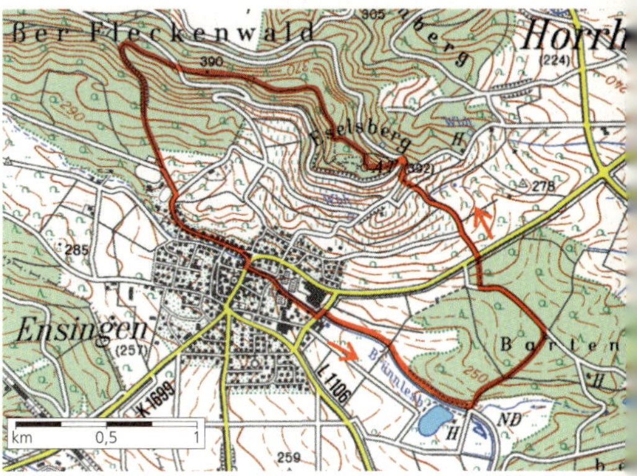

Zur Hallstattzeit befand sich am Ort des **Eselsburgturms** (392 m) eine keltische Fliehburg (800–400 v. Chr.), die mit fünf bis acht Meter tiefen Gräben und bis zu vier Meter hohen Trockenmauern gesichert war. Die 1188 urkundlich durch Kaiser Barbarossa erwähnten Herren von Owenbühl bauten um 1150 hier eine Burg und nannten sich fortan »von Eselsburg«.

Mit Belreinus von Eselesberch starb das Geschlecht 1252 aus. Burg und Herrschaft kamen an die Grafen von Vaihingen und wurden 1356 an Württemberg verkauft. 1364 starb hier der letzte Graf von Vaihingen. Die Württemberger hatten keine Verwendung für die Burg; sie verfiel und wurde später abgetragen. Den Kellereingang fand man 1925, als der Aussichtsturm für den Schwäbischen Albverein erbaut wurde. Der Burggraben, der die Burg zum Berg hin absicherte, ist noch erkennbar.

Das Gebiet um die Eselsburg ist das kleinste Landschaftsschutzgebiet im Stromberg. Am Weg zwischen Waldrand und den Weinbergen am Fuß des Eselsbergwaldes findet man einige botanische Kostbarkeiten wie beispielsweise den Diptam, eigentlich eine aus Südosteuropa stammende Steppenheidepflanze.

Der Eselsburgturm auf dem südöstlichsten Ausläufer des Strombergs wurde 1925 als 18 Meter hoher, verschalter Holzturm auf einem Werksteinsockel mit fünf Stockwerken errichtet. Man hat einen schönen Blick auf den Welzheimer und den Murrhardter Wald, zu den Löwensteiner Bergen, auf die Enzschleife bei Roßwag, zur Schwäbischen Alb, zum Schwarzwald und zu den Vogesen. Der Turm ist sonntags und feiertags geöffnet und bewirtschaftet. Auch einen schönen Grillplatz gibt es hier.

Nun gehen wir über die Brücke, die den Burggraben überspannt und spazieren mit dem Zeichen roter Strich nordwestlich durch den *Großen Fleckenwald.* Nach dem zweiten Graben teilt sich der Weg; wir halten uns rechts Richtung »Alte Burg Gündelbach« und wandern auf dem Kamm durch den Wald. Wir überqueren einen breiten Forstweg. Etwas später müssen wir aufpassen: Hier führt der mit dem blauen Punkt markierte Weg scharf nach links. Bergab gehend gelangen wir zu den Sportplätzen von *Ensingen.*

Wir spazieren an ihnen entlang und kommen zu einer Querstraße vor den Häusern. Hier halten wir uns rechts und gehen gleich links in die Gündelbacher Straße, weiter dem blauen Punkt folgend. Es geht durch den Ort bis zur Horrheimer Straße, in die wir rechts einbiegen. Gleich weist das Zeichen nach links in die Straße Am Bach. Wir folgen ihr und spazieren rechts vom Bach bis zu einer Querstraße am Ortsende; hier wechseln wir auf die linke Bachseite. Links von uns

Der Eselsburgturm steht an der Stelle einer Burg.

liegt die Sprudelfabrik. Wir verlassen den Ort und wandern neben dem Brünnelesbach, bis wir rechts hinter dem Bach den *See* sehen. An dessen Ende, wo nach rechts eine Brücke zum See führt, biegen wir links in den Wald ab. Wir gehen leicht ansteigend, bis ein mit dem blauen Kreuz markierter Weg kreuzt. Wir halten uns links; nach etwa 500 Metern zweigt von diesem breiten Forstweg ein markierter Pfad nach rechts ab, der uns in wenigen Minuten zum Ausgangspunkt bringt.

- **Länge:**
  Etwa 7 Kilometer.

- **Zeit:**
  Etwa 2 bis 3 Stunden.

- **Höhenunterschied:**
  Etwa 210 Meter.

- **Karte:**
  Freizeitkarte 517 Heilbronn Naturpark Stromberg-Heuchelberg, Landesvermessungsamt Baden-Württemberg.

- **Einkehrmöglichkeit:**
  Ensingen.

- **Grillmöglichkeit:**
  Aussichtsturm, See.

- **Sonstiges:**
  Die Wanderung verläuft vorwiegend auf festen Wegen.

- **Für Eilige:**
  Vom Parkplatz aus ist man in wenigen Minuten zum Aussichtsturm hochgestiegen.

  Wer mit Kindern noch zum See möchte, spaziert in kurzer Zeit vom Parkplatz aus dorthin: Man nimmt auf der südlichen Straßenseite den mit blauem Kreuz markierten Weg und biegt nach etwa 500 Metern (ohne Zeichen) nach rechts ab. Leicht abwärts gehend kommt man in wenigen Minuten zum See.

Schutzhütte mit Aussichtsplatz im Wald

Im Norden des Schwäbischen Waldes

Auf den Steinknickleturm

Steinknickleturm – Hohler Stein – Bernbach – Neuhütten – Steinknickleturm

Die Wanderung führt uns in den Nordosten des Naturparks Schwäbisch-Fränkischer Wald, wo uns vom Steinknickleturm aus eine prächtige Aussicht erwartet. Der weitere Weg verläuft in schönem Wald und beschert uns ab und zu weite Blicke über das Waldgebiet. Naturfreunde werden sich am Naturdenkmal Hohler Stein erfreuen, einer ausgewaschenen Felsformation.

- **Ausgangspunkt:** Wüstenrot-Neuhütten.

- **Wegverlauf:** Wir folgen in Neuhütten dem Naturfreundeweg, der nach Westen im Prinzip in Richtung Steinknickleturm führt. Wir kommen am Haus Tabor vorbei, danach in den Wald. Unterhalb des Naturfreundehauses befindet sich ein Parkplatz. Wer zuerst zum *Steinknickleturm* möchte, folgt hier dem roten Strich und steigt den Pfad steil hoch.

Auf dem **Steinknickle** (525 m) am Steilabfall des Mainhardter Waldes wurde 1913 ein 25 Meter hoher Holzturm errichtet. 1935 übernahm ihn der Schwäbische Albverein. Der Holzturm wurde nach Sturmschäden 1955/56 abgebrochen; bis 1957 wurde ein neuer, 30 Meter hoher Holzturm mit Betonsockel und 144 Stufen erbaut.

Man hat vor allem nach Westen und Norden weite Sicht. Besonders schön präsentiert sich das tief eingeschnittene Bernbachtal gleich westlich. Im Westen sieht man überdies Löwenstein und den Breitenauer See, im Osten und Süden den Mainhardter Wald, im Südwesten die Löwensteiner Berge. Beachten sollte man den im Süden liegenden Juxkopfturm, im Südosten die

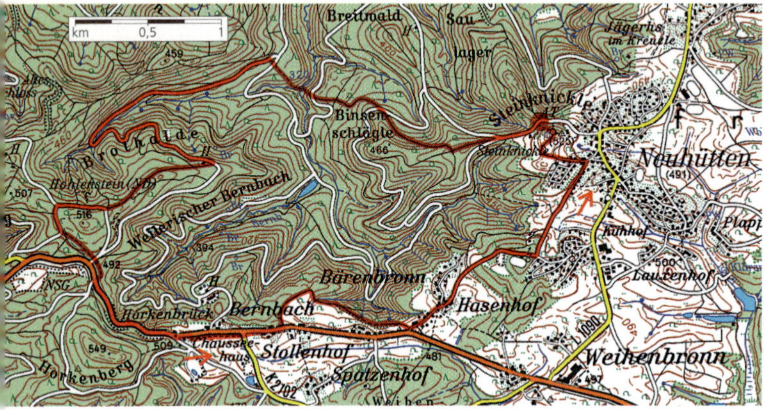

mit dem Fernmeldeturm gekrönte Hohe Brach und den Hagbergturm (26 km). Bei guter Sicht erkennt man die Schwäbische Alb. Weitere markante Punkte sind der Katzenbuckel im Odenwald (51 km), der Königstuhl bei Heidelberg (64 km), die Ruine Weibertreu in Weinsberg (15 km), der Wartturm auf dem Heuchelberg (26 km), Schloss Baldern auf der Ostalb (65 km) und der Pfälzer Wald (104 km).

Der Turm ist von April bis Oktober sonntags geöffnet. Falls er geschlossen ist, kann man den Schlüssel im 50 Meter entfernten Haus Tabor, Telefon (0 79 45) 10 76, holen. Beim Turm gibt es einen Grillplatz.

Wir gehen zurück zum Parkplatz und folgen mit dem blauen Strich dem Waldweg nach links in Richtung »Eschenau«. An einer Dreiteilung kurz danach nehmen wir mit dem Zeichen den mittleren Weg (Bärenweg). Etwas später zweigt unser Wanderweg rechts ab; nun geht es eine Zeit lang bergab. Wo es eben wird, zieht der Forstweg nach links; nun gehen wir auf einem Naturweg, dann auf einem schmalen Pfad weiter. Den Bernbach überqueren wir auf Trittsteinen.

Auf schmalem Pfad geht es bergauf. Wir überqueren etwas später einen Schotterweg, beim zweiten gleich darauf halten wir uns links (Weg Nr. 3). Der Weg steigt langsam an; wir ignorieren nach einiger Zeit den nach links abzweigenden Brunnenweg. Später geht es scharf nach links und wir wandern auf der anderen Seite des Bacheinschnittes weiter aufwärts. Bald haben wir nach links eine weite Aussicht über die Wälder. Bei einer kleinen Hütte bei einer Ansammlung von Mammutbäumen biegen wir rechts ab.

Wir folgen dem Weg bis zu einem Querweg. Hier wandern wir in Gehrichtung auf dem Sommerrainweg in

Der Steinknickleturm überragt den Wald um wenige Meter.

Richtung »Hohler Stein« weiter. Ein paar Minuten nach einer Schranke werden wir mit dem Zeichen blaues Hufeisen zum Naturdenkmal *Hohler Stein* (beziehungsweise Hohlenstein) nach rechts verwiesen. Es ist eine brückenähnliche, hohl ausgewaschene Felsformation über einem scharfen Taleinschnitt, unter der man durchgehen kann.

Wir steigen hoch und folgen dem Weg nach rechts. An der nächsten Verzweigung biegen wir mit dem blauen Punkt/Kreuz links in den Grafenbergweg ab. Kurz darauf an einer Verzweigung halten wir uns mit dem Zeichen links und zweigen gleich darauf nach links auf einen Pfad ab. Etwas später kommen wir zur B 39. Wir wandern auf ihrer anderen Seite nach links weiter und genießen immer wieder schöne Aussichten zum Steinknickleturm.

Vorbei am *Chausseehaus* und *Bernbach* kommen wir zum *Stollenhof,* wo wir nach der Bushaltestelle mit dem Zeichen roter Strich nach links abbiegen. Wir gehen am Waldrand entlang, gleich darauf rechts und vor dem vor uns liegenden Waldstück wieder rechts. Dem Zeichen folgend treffen wir beim *Hasenhof* wieder auf die Bundesstraße; hier biegen wir gleich nach links ab. Wir spazieren durch den Weiler, dahinter durch Wiesen zum Wald und bis zum Sportplatz.

Nach ihm und vor den Häusern geht es links in den Bärenbronner Weg. Erst am Waldrand entlang,

Blick über den Schwäbisch-Fränkischen Wald

Die prächtige Herbstfärbung ist besonders reizvoll.

dann durch Wiesen, kommen wir nach *Neuhütten*. An einem Querweg biegen wir links ab. Wir verlassen den Ort und gehen durch Wiesen, bis wir nach rechts zum *Turm* hochgehen können. Wer ihn noch nicht bestiegen hat, sollte dies tun und dann mit dem roten Strich steil zum Parkplatz absteigen. Ansonsten folgen wir dem breiten Feldweg zum Naturfreundehaus. Unterhalb befindet sich der Parkplatz.

- **Länge:**
  Etwa 11 Kilometer.

- **Zeit:**
  Etwa 4 Stunden.

- **Höhenunterschied:**
  Etwa 400 Meter.

- **Karte:**
  Freizeitkarte 518, Schwäbisch Hall Naturpark Schwäbisch-Fränkischer Wald, Landesvermessungsamt Baden-Württemberg.

- **Einkehrmöglichkeit:**
  Falls geöffnet: Naturfreundehaus (Telefon 0 79 45 / 341).

- **Grillmöglichkeit:**
  Steinknickleturm.

- **Sonstiges:**
  Die Wanderung verläuft auf Naturpfaden und festen Wegen.

- **Für Eilige:**
  Vom Parkplatz beim Naturfreundehaus ist man in wenigen Minuten zum Turm hochgestiegen.

Aussicht, Wald und eine Ruine

Zum Turm auf dem Juxkopf

Jux – Juxkopfturm – Nassach – Warthof – Jux

Bei dieser Wanderung ersteigen wir einen Aussichtsturm im Naturpark Schwäbisch-Fränkischer Wald. Auch unterwegs haben wir immer wieder einen weiten Blick ins Land, ansonsten gehen wir durch schönen Wald. Schließlich kommen wir an der Ruine Wart vorbei, die eine interessante Geschichte aufweist.

- **Ausgangspunkt:**
  Spiegelberg-Jux.

- **Wegverlauf:**
  Wenn man von Spiegelberg kommt, liegt am Ortsanfang von *Jux* ein Parkplatz. Gleich darauf werden wir mit dem Wanderzeichen roter Strich nach rechts verwiesen. Nach dem *Friedhof* am Ortsende zieht der markierte Weg nach links und bringt uns steil hoch zum bereits sichtbaren *Juxkopfturm*. Unterwegs sollte man ab und zu zurückschauen und die Aussicht genießen.

So sahen früher Wegweiser aus.

Der **Juxkopfturm** wurde 1902 auf dem Juxkopf (533 m) errichtet; ihm folgte ein zweiter. Der heutige Turm – wie seine beiden Vorgänger in Holzbauweise – wurde 1932 auf einem Betonsockel erbaut. 22 Meter ist er hoch. Man hat eine schöne Aussicht auf die lebhaft strukturierte Umgebung. Tief eingeschnitten ist das Tal der Spiegelberger Lauter, nach Westen sieht man über das flache Neckarbecken bis zum Stromberg (Eselsberg, Sternenfels) und zum Nordschwarzwald (zum Beispiel Langenbrand). Südöstlich liegt der Hagbergturm, dahinter Sulzbach. Im Osten befindet sich der Mainhardter Wald mit der Hohen Brach, im Nordosten das Hohenloher Land. Bei guten Sichtverhältnissen erblickt man die lange Kette der Schwäbischen Alb von der Kapfenburg bis zum Plettenberg. Markante Punkte sind Teck, Hohenneuffen, Boßler, Roßberg, Dreifürstenstein und der Hohenzollern. Im Schwäbischen Wald sieht man den Steinknickleturm und den Hagbergturm.

Öffnungszeiten: April bis Oktober sonn- und feiertags von 8 bis 18 Uhr. Ansonsten erhält man den Schlüssel im Gasthof Löwen in Jux, Telefon (0 71 94) 2 95.

Neben dem Turm steht die aus Holz erbaute Juxkopfhütte, in der man zu den Öffnungszeiten Getränke kaufen kann. Ein Grillplatz lädt zum Verweilen ein.

Wir folgen dem Weg weiter. Im Wald geht es bergab zur Landstraße. Auf der anderen Seite liegt ein Spielplatz. Hier nehmen wir den schmalen Naturweg, der mit Wanderwegmarkierungen bezeichnet ist (R, J4, N2) und am Spielplatz nach links, etwa parallel zur Straße, verläuft. Später taucht auch das Zeichen roter Punkt auf.

Wir kommen hoch zum Waldrand und spazieren auf aussichtsreichem Weg links weiter zu einem Wasserbehälter. Ein Gedicht auf einem Baumstumpf erinnert an die Letzte der *Nassacher Eichen*, die bis in die siebziger Jahre des vorigen Jahrhunderts hier stand.

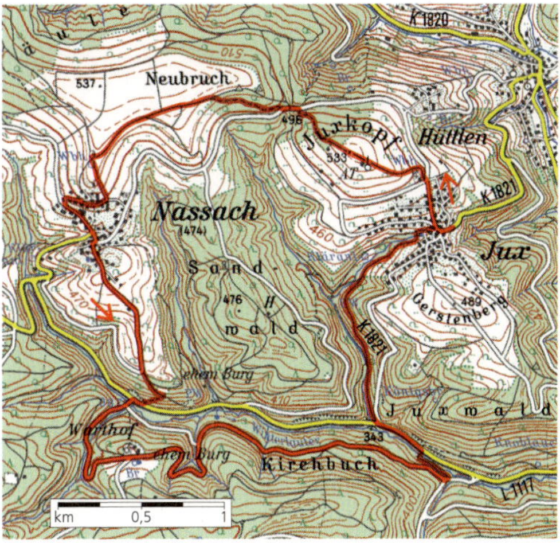

Wir halten uns links und spazieren hinab nach *Nassach*. Nach kurzem Bergab zieht die Straße nach rechts. An einem altertümlichen Wegweiser gehen wir links in die Stocksberger Straße bis zu einem Brunnen. Hier biegen wir mit dem blauen Kreuz rechts ab in Richtung Warthof. Die Straße knickt

Ruhebank beim Juxkopfturm

gleich links ab. Wir gehen hier rechts in die Straße Im Weiler, dann aber dem Zeichen folgend links in den Warthofweg.

An der Verzweigung nach dem Ort halten wir uns links. Es geht hinab in den Wald. Hier marschieren wir geradeaus, dann werden wir nach rechts verwiesen und kommen hinunter zur Landstraße. Etwas nach rechts versetzt biegen wir links in die Wolfsklingentalstraße ein. Ihr folgen wir geradeaus, auch wenn der markierte Weg gleich nach links abknickt. An der nächsten Verzweigung bleiben wir links; die Wolfsklingentalstraße zieht hier nach rechts weiter. Nach einer ausgeprägten Linkskurve kommen wir auf eine Lichtung, auf der der *Warthof* steht.

Die einstige **Burg Wart/Warthof** wurde um 1200 von den Markgrafen von Baden gegründet und war eine Vor- (oder Wart-)burg zu größeren Anlagen wie Löwenstein, Reichenberg oder Lichtenberg. Prinzessin Irmengard von Baden brachte sie 1297 in die Ehe mit Graf Eberhard I. von Württemberg. Die Grafen vergaben die Burg als Lehen weiter; 1435 wurde sie an Konrad von Stammheim verpfändet. In dieser Zeit wurden hier auch Bergwerke betrieben. Man suchte den so genannten Schwarzen Bernstein (Augstein), Gold und Silber. Danach wurde die Anlage mehrfach verkauft. Im Bauernkrieg wurde sie 1525 von Bauern geplündert und in Brand gesteckt. Danach hat man sie nie mehr aufgebaut. 1862 kaufte der württembergische Staat das Gut Wart, um eine Forstdienststelle einzurichten. Heute sieht man zwei schöne Fachwerkhäuser (Wohnhaus und Scheune) und von der Ruine geringe Mauerreste.

Wir folgen dem Weg weiter in den Wald. Nach einer Rechts- und zwei Linkskurven kommen wir zu einer Verzweigung mit einer Art »Verkehrsinsel«; hier halten wir uns rechts. Es geht eine Zeit lang parallel zur Landstraße bergab. Schließlich zweigt nach links ein mit rotem Strich markierter Pfad ab. Ihm folgen wir. Kurz darauf müssen wir über eine Brücke rechts zur Landstraße und auf ihr etwas links marschieren.

Wo die Straße nach Jux rechts abgeht, nehmen wir den links von ihr verlaufenden markierten Wanderweg in die *Geisterklinge*. Erst

Prächtiger Blick auf Höhen und Täler des Schwäbisch-Fränkischen Waldes

wandern wir eben neben dem Bach, bis von links ein Weg einmündet; hier müssen wir rechts abzweigen. Immer dem roten Strich folgend steigen wir nun steil an. Vorbei an der Kläranlage kommen wir zu den ersten Häusern von *Jux*. Wo nach dem kleinen Weiher das Sträßchen nach rechts zieht, gehen wir auf Stufen hoch und geradeaus zurück zum Ausgangspunkt.

- **Länge:**
  Etwa 11 Kilometer.

- **Zeit:**
  Etwa 3 bis 4 Stunden.

- **Höhenunterschied:**
  Etwa 200 Meter.

- **Karte:**
  Freizeitkarte 518, Schwäbisch Hall Naturpark Schwäbisch-Fränkischer Wald, Landesvermessungsamt Baden-Württemberg.

- **Grillmöglichkeiten:**
  Beim Turm, am Spielplatz nach dem Turm.

- **Sonstiges:**
  Wir wandern auf Feld- und Forstwegen sowie Naturpfaden.

- **Für Eilige:**
  Der kürzeste Zugang beginnt am Parkplatz an der Straße Jux–Nassach. Hier gibt es auch einen Spiel- und Grillplatz.

Wald und Aussicht

Hagbergturm und Menzlesmühle

Brandhof – Hagbergturm – Menzlesmühle – Menzles – Brandhof

Der pagodenartig aussehende Hagbergturm im Naturpark Schwäbisch-Fränkischer Wald gehört zu den Aussichtstürmen des Schwäbischen Albvereins, die ein ungewöhnliches Bild abgeben. Er liegt auf dem Hagberg, einer allein stehenden Kuppe im Welzheimer Wald, und bietet schon von daher die Gewähr einer weiten Rundumsicht. Die Wanderung verläuft durch schönen Wald, bietet aber auch beim Anstieg prächtige Blicke in die Umgebung. Ein Höhepunkt ganz anderer Art ist die idyllische Menzlesmühle.

- **Ausgangspunkt:**
  Gschwend-Brandhof.

- **Wegverlauf:**
  Bei der Straße Welzheim–Gschwend werden wir kurz vor Gschwend mit dem Schild »Altersberg/Horlachen« nach links verwiesen. Es geht kurz bergab ins Tal des Hagbachs, wo wir einen Parkplatz finden. Von ihm aus spazieren wir auf dem Sträßchen wenige Meter zurück und steigen dann mit dem Wanderzeichen roter Strich links hinauf. Nach den Häusern treffen wir auf ein Sträßchen, dem wir

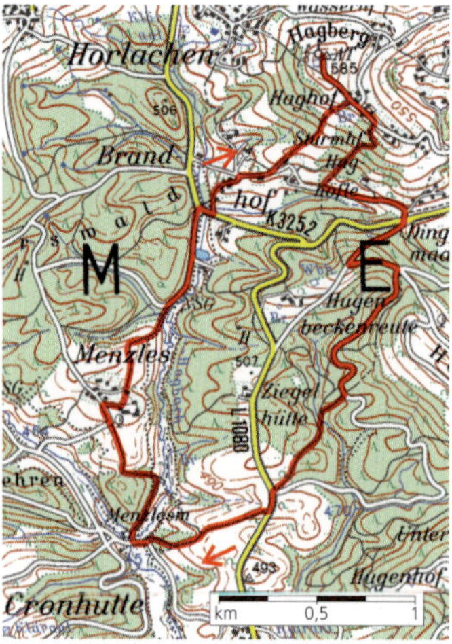

nach rechts folgen; gleich darauf müssen wir links abzweigen. Wir steigen durch Weiden nach oben; hier sollten wir ab und zu zurückblicken. Schließlich zieht der Steig nach rechts zu den Häusern von *Haghof.* Nun halten wir uns links und sind in wenigen Minuten am *Aussichtsturm.*

Der **Hagbergturm** (585 m) liegt im Welzheimer Wald in exponierter Lage, nämlich an dessen Nordabfall, wo es zum Rot- und Kochertal hinabgeht. 1901 wurde vom Ortsverschönerungsverein ein erstes Aussichtsgerüst auf dem Hagberg erbaut. Danach folgte ein 23 Meter hoher Turm mit zwei pagodenähnli-

Interessant ist der pagodenartige Aufbau des Hagbergturmes.

chen Aufsätzen. Er kam 1936 an den Schwäbischen Albverein. Im Zweiten Weltkrieg hat man die obere Pagode abgetragen. Nach umfangreicher Renovierung wurde der Turm 1949 wieder der Öffentlichkeit zugänglich gemacht. 1973 hat man ihn wegen Baufälligkeit geschlossen, 1979/80 in seiner ursprünglichen Form, aber mit einem Stahlbetonfundament, neu erbaut.

Man sieht nach Westen über das dicht bewaldete Gebiet zum Kaisersbacher Wasserturm. Rechts von ihm befindet sich der Murrhardter Wald, dahinter die Löwensteiner Berge und rechts davon der Mainhardter Wald. Markant ist die Hohe Brach. Nördlich des Turmes liegt das breite Rottal. Von Nordost nach Ost sieht man das Kochertal mit der Kochertalbrücke, die Limpurger Berge und im Süden das Tal der Schwarzen Rot. Dahinter scheint die Schwäbische Alb auf mit Hohenstaufen, Teck, Hohenneuffen, Achalm, Roßberg und Hohenzollern. Auch Baldern, Kapfenburg, Volkmarsberg, Rosenstein und der Stuttgarter Fernsehturm sind zu sehen.

Der Turm ist an Sonn- und Feiertagen von 9.30 bis 18 Uhr geöffnet, allerdings nicht im Winter. Falls geschlossen, kann der Schlüssel bei Hans Frank, Wasserhof, Telefon (0 79 72) 2 89, geholt werden. Ein Kiosk ist vorhanden.

Nach der Besteigung gehen wir zurück nach *Haghof*. Vor dem Wanderparkplatz wandern wir mit dem blauen Strich rechts hinab. Durch Wald und vorbei an einer Wiese kommen wir zu einem Asphaltsträßchen, dem wir nach links zur Landstraße folgen. Auf der anderen Seite nehmen wir den breiten Weg, der im Wald etwa parallel zur Straße nach rechts verläuft, immer noch mit dem blauen Strich markiert. Leicht ansteigend kommen wir zum Waldrand; hier biegen wir links ab. Kurz darauf quert der mit dem roten Punkt markierte Eulenwaldweg, dem wir nach rechts folgen. Es geht in vielen Windungen leicht bergab. Wir dürfen nach einiger Zeit nicht verpassen, dass der markierte Wanderweg rechts abzweigt. Auf einem unbefestigten Waldweg kommen wir in ein Bachtal, hinter dem wir kurz bis zu einem breiten Forstweg hochsteigen. Er bringt uns links aus dem Wald heraus und zur Landstraße.

Etwas nach links versetzt führt der Weg weiter. Wir gehen zum Ende des asphaltierten Weges und biegen dort rechts ab, links des spitz zulaufenden Waldstücks. Kurz darauf zieht der Wanderweg in den Wald und bringt uns zu einem Sträßchen, dem wir nach rechts zur *Menzlesmühle* folgen. Vor ihr nehmen wir den rechts abgehenden Wanderweg, der mit dem roten Strich markiert ist.

Nach einigen Minuten verlassen wir den Wald und gehen links hoch, wieder durch den Wald und nach diesem rechts nach *Menzles*. Vor

Blick vom Hagbergturm nach Süden; vorne die Ansiedlung Haghof

Haus Nr. 44 biegen wir nach rechts ab. Der Weg zieht nach den Häusern nach links, dann nach rechts und bringt uns wieder ins Tal des *Hagbachs*. Nach links marschieren wir zurück zum Ausgangspunkt.

- **Länge:**
  Etwa 9 Kilometer.

- **Zeit:**
  Etwa 3 Stunden.

- **Höhenunterschied:**
  Etwa 260 Meter.

- **Karte:**
  Freizeitkarte 518, Schwäbisch Hall Naturpark Schwäbisch-Fränkischer Wald, Landesvermessungsamt Baden-Württemberg.

- **Sonstiges:**
  Die Wanderung verläuft auf Naturpfaden und festen Wegen.

- **Für Eilige:**
  In Haghof gibt es einen großen Parkplatz. Von hier aus gelangt man in wenigen Minuten zum Aussichtsturm.

Blick zum Pfälzer Wald

Der Aussichtsturm auf der Schwanner Warte

Schwanner Warte – Conweiler – Hartberghütte – Schwanner Warte

Der Aussichtsturm Schwanner Warte des Schwarzwaldvereins liegt am Ende eines flach nach Norden abfallenden Geländes und bietet prächtige Fernblicke zum Odenwald und zum Pfälzer Wald. Wer möchte, kann eine kurze, aber wunderschöne Panorama- und Waldwanderung unternehmen.

- **Ausgangspunkt:**
Straubenhardt, Schwanner Warte.

- **Wegverlauf:**
Der *Aussichtsturm* liegt am südlichen Ende des Wiesengeländes um *Straubenhardt*, direkt am Waldrand. Hier parken wir und besteigen zuerst den Turm.

Der Aussichtsturm Schwanner Warte steht am Waldrand.

Auf der **Schwanner Warte** (475 m) wurde am 27. Juni 1886 ein sechs Meter hoher Holzturm eingeweiht. Er bestand bis 1918; sein Besitzer war der Schwarzwaldverein Neuenbürg. Der Turm wurde dann wegen Baufälligkeit abgebrochen. 1926 bis 1945 stand hier ein aus Stein und Holz erbauter, 16 Meter hoher Turm. Der heutige, 14 Meter hohe Turm ist eine Holz-Eisen-Konstruktion; der Zugang verläuft außen über eine Wendeltreppe. Am 1953 errichteten Turm befindet sich eine große Überdachung. Weitere Baumaßnahmen fanden 1989 bis 1990 statt. Besitzer ist seit 1926 der Schwarzwaldverein Schwann.

Steigt man die 54 Stufen empor, hat man vor allem einen Blick nach Norden über die freie Fläche und Straubenhardt hinweg ins Rheintal, zum Odenwald, zum Pfälzer Wald, in den Pfinzgau, zum Stromberg und nach Westen in Richtung Ettlingen. Nahezu verdeckt sind die Vogesen. Als markante Punkte präsentieren sich der Katzenbuckel, Mannheim, der Dom in Speyer und Karlsruhe.

Nun folgen wir der nach Westen führenden Mönchstraße am Waldrand entlang. Vor dem Hotel biegen wir mit dem Radwegschild rechts ab, unterhalb des Hotels halten wir uns links. Nach den Gebäuden des Flugsportclubs gehen wir kurz am Waldrand entlang, dann biegt der Weg nach links ab. Wir folgen ihm und halten uns gleich am Waldrand rechts. Nun spazieren wir auf dem seinen Namen zu Recht tragenden Panoramaweg mit der blauen Raute bis zu den Sportplätzen von *Conweiler*. Hier gehen wir in der Steinbeisstraße weiter. Wir kommen ins Industriegelände; hier zieht der Weg nach rechts bis zu einer Querstraße. Auf ihr gehen wir nach links zu einem Kreisverkehr. Nun wandern wir auf dem Feldweg am Waldrand entlang hinab ins Tal des *Dorfbachs*. Dahinter steigt es im Wald wieder an.

Wir kommen zu einer *Hütte*, vor der ein Stein mit der Beschriftung »Tannenweg / Erbaut vom Freiw. Arbeitsdienst Feldrennach-Pfinzw./ 1932–33« steht. Hier zweigen viele Wege ab. Wir wählen den zweiten

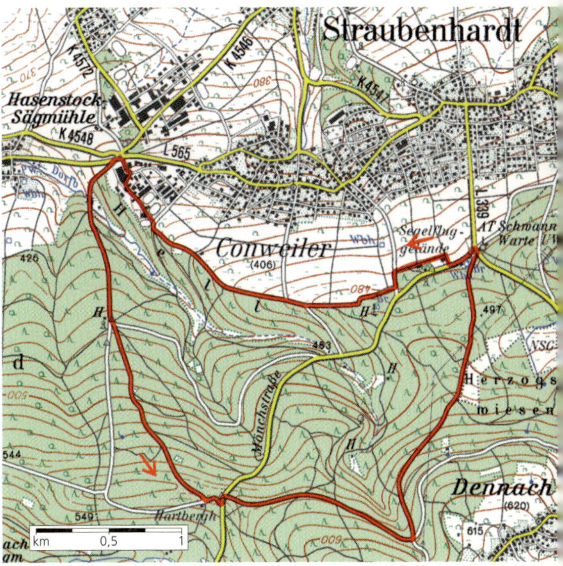

Weiter Blick über den Schwarzwald und sein Vorland vom Waldrand aus

von links, von dem gleich ein anderer Weg links abgeht, den wir aber nicht nehmen. Die Bezeichnung unseres Weges lautet »Hauptweg Dennach«.

Auch jetzt steigt es weiter an. Auf der Höhe mündet unser Weg in einen anderen. Hier orientieren wir uns nach links zur *Hartberghütte*; an ihr geht es links zur Landstraße.

Auf der anderen Seite nehmen wir den etwas nach links versetzten Forstweg. Er steigt sanft an bis zu einer Kreuzung, wo der mit der roten Raute markierte Westweg quert. In ihn biegen wir nach links ein und marschieren bergab zurück zum Ausgangspunkt.

- **Länge:**
  Etwa 10 Kilometer.

- **Zeit:**
  Etwa 3 Stunden.

- **Höhenunterschied:**
  Etwa 200 Meter.

- **Karte:**
  Freizeitkarte 502, Pforzheim, Landesvermessungsamt Baden-Württemberg.

- **Sonstiges:**
  Die Wanderung verläuft auf festen Wegen. Die Strecke eignet sich also auch für eine Radtour.

- **Für Eilige:**
  Am Turm befindet sich der Parkplatz. Wer Zeit hat, sollte auf jeden Fall dem Panoramaweg ein Stück folgen.

Absender (bitte gut lesbar schreiben!):

Name

Straße

PLZ, Ort

Beruf Alter

Für Silberburg-Bücher interessiert sich auch:

Bitte als
Postkarte
frankieren

Postkarte – Antwort

Silberburg-Verlag
Titus Häussermann GmbH
Schönbuchstraße 48

D-72074 Tübingen

Wir sind neugierig ...

... was Sie von dem Buch halten, dem Sie diese Karte entnommen haben.

Titel des Buches:

Wie wurden Sie auf dieses Buch aufmerksam?

Bitte schreiben Sie uns ganz offen Ihre Meinung! Sie ist wichtig für unsere weitere Verlagsarbeit.

Im Silberburg-Verlag erscheint »***Schönes Schwaben***« – die farbige Monatszeitschrift zu Kultur, Geschichte, Landeskunde. Informativ und unterhaltsam, aktuell und zeitlos. Mit traumhaft schönen Fotos und interessanten Artikeln von kompetenten Autoren. Das Magazin, in dem auch die schwäbische Mundart gepflegt wird. Sollen wir Ihnen ein kostenloses Probeheft senden?

☐ Ja ☐ Nein

Der Silberburg-Verlag hat sich auf Themen aus Baden-Württemberg spezialisiert. Haben Sie dazu Vorschläge, zum Beispiel zu neuen Büchern?

... Sie auch?

Dann tragen Sie bitte umseitig Ihre Anschrift ein. Sie erhalten fortan regelmäßig Prospekte und Informationen über unsere neuen Bücher.

Auf schwankendem Stahlrohr

Der Büchenbronner Aussichtsturm

Salmbach – Büchenbronner Höhe – Engelsbrand – Langenbrand – Salmbach

Bei dieser Wanderung besuchen wir einen der interessantesten Aussichtstürme im nördlichen Schwarzwald, den Büchenbronner Aussichtsturm, der als elegantes Stahlgerüst errichtet wurde. Er war einer der ersten seiner Art und hat einige Nachahmer in Deutschland gefunden. Historisch interessierte Wanderer werden sich an den alten Grenzsteinen und dem Steinkreuz erfreuen.

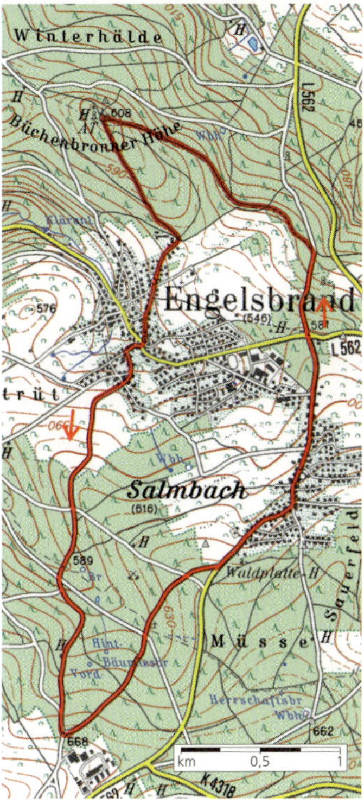

- **Ausgangspunkt:**
  Engelsbrand-Salmbach.

- **Wegverlauf:**
  Zwischen Grunbach und Engelsbrand geht es nach Süden ab nach *Salmbach;* hier befindet sich nördlich des *Kreisverkehrs* ein Parkplatz. Von ihm aus gehen wir auf dem Forstweg durch eine durch die Orkane der letzten Jahre in Mit-

Der Büchenbronner Aussichtsturm eignet sich nur für Schwindelfreie.

Wohin man auch blickt: Wald, Wald, Wald …

leidenschaft gezogene Waldfläche nach Norden. Kurz darauf begleitet uns das Wanderzeichen blaue Raute. Bevor es im dichteren Wald bergab geht, biegen wir mit dem Wanderzeichen nach links auf einen unbefestigten Weg ab. Kurz danach zieht dieser Weg vor dem Waldrand nach rechts. Unterwegs kommen wir an alten Grenzsteinen vorbei, die auf einer Seite das badische, auf der anderen das württembergische Wappen tragen.

Es geht nun einige Zeit durch den Wald; schließlich mündet der schmäler gewordene Pfad in einen breiten, geschotterten Waldweg ein. Kurz darauf stehen wir vor dem *Büchenbronner Aussichtsturm.*

Der **Büchenbronner Aussichtsturm** (608,5 m) aus gewalzten Eisenprofilen und eisernen Rohren wurde 1883 erbaut und am 22. Mai 1884 eingeweiht. Acht 25 Meter hohe Turmkanten aus leicht gebogenen Eisenrohren beschreiben eine elegante Kurve. Die acht Rohre sind durch zwölf Ringe aus L-Profilen verbunden. Die dadurch zustande gekommenen Felder sind durch diagonal angebrachte Rundeisen versteift. Den Turm besteigt man auf einer Wendeltreppe, die in der Turmmitte um vier im Quadrat stehende Rohre verläuft. Zur Stabilität schrieb bereits 1885 die Deutsche Bauzeitung, »… daß der Thurm schon durch einen einzigen Besucher mit Leichtigkeit in ziemlich große Schwankungen versetzt werden kann.« Das Aussichtsgerüst wurde von der Firma Louis Kühne in Dresden, eigentlich eine Fabrik für Gas-, Wasser- und Heizungsanlagen, in Deutschland insgesamt sieben Mal gebaut. Auf den 25 Meter hohen Turm führen 124 Stufen. Sein Unterbau wiegt 600 Zentner, der Turm 240 Zentner. Auftraggeber war der

Verschönerungsverein Pforzheim. Bis 1933 gehörte der Turm dem Verschönerungsverein, 1933 bis 1974 dem Schwarzwaldverein und seit 1974 ist er Eigentum der Stadt Pforzheim. Mehrere Renovierungen waren nötig, letztmals nach dem Sturm Lothar, der am 25. Dezember 1999 erhebliche Schäden anrichtete.

Die Plattform des Turmes befindet sich auf einer Höhe von 633,25 Metern. Man sieht nach Langenbrand, Engelsbrand, Pforzheim, Birkenfeld, Karlsruhe, in den Pfälzer Wald, zum Königstuhl, zum Dom in Speyer, über den Nordschwarzwald mit Hohloh und Teufelsmühle, in den Odenwald, zur Schwäbischen Alb – beispielsweise zum Hohenstaufen –, in den Kraichgau und zu den Vogesen.

Wir biegen am Turm links ab und gehen einige Zeit auf dem mit der roten Raute markierten Mittelweg. In *Engelsbrand* kommen wir am Altenpflegeheim vorbei und durchwandern den Ort bis zur Kirche. Unterhalb des Gotteshauses überqueren wir die Durchgangsstraße, gehen kurz geradeaus und biegen links in die Schulstraße ab. Sie zieht nach rechts und bringt uns aus dem Ort. Hier sollten wir den alten gusseisernen Wegweiser beachten. Danach wandern wir durch weite Wiesen mit schönem Rückblick auf den Ort zum Wald.

Es geht etwas bergab, dann wieder hinauf, bis wir kurz vor dem Waldrand bei einem alten *Sandstein-Wegweiser* auf den Alten Salmbacher Kirchweg stoßen. In ihn biegen wir nach links ein. Nach knapp einem Kilometer steht nach einer Kreuzung rechts ein Stein, der die Markungsgrenze Langenbrand/Salmbach markiert. Hinter ihm befindet sich das alte »Steinkreuz Am Bächle«. Wahrscheinlich ist es im 15. Jahrhundert für einen ermordeten Bauern errichtet worden.

Weiter geradeaus gehend kommen wir zur Landstraße und folgen ihr nach *Salmbach*. Wir spazieren durch den Ort und kommen zurück zum Ausgangspunkt.

- **Länge:**
  Etwa 10 ½ Kilometer.

- **Zeit:**
  Etwa 3 Stunden.

- **Höhenunterschied:**
  Etwa 150 Meter.

- **Karte:**
  Freizeitkarte 502, Pforzheim, Landesvermessungsamt Baden-Württemberg.

- **Sonstiges:**
  Die Wanderung verläuft auf Naturpfaden und festen Wegen.

- **Für Eilige:**
  Vom Parkplatz aus sind es etwa 2,3 Kilometer zum Turm. Nur ein Kilometer ist es vom Altenpflegeheim am nördlichen Ende von Engelsbrand aus.

Auf Schwarzwaldhöhen

Vom Hohlohturm zum Moorsee

Kaltenbronn – Hohlohturm – Hohlohsee – Kaltenbronn

Der Hohlohturm an der ehemaligen badisch-württembergischen Grenze bietet eine weite Aussicht über den Schwarzwald und hinab ins Rheintal. Naturfreunde werden sich außerdem am Hohlohsee, einem prächtigen Moorsee, erfreuen.

- **Ausgangspunkt:** Gernsbach-Kaltenbronn.

- **Wegverlauf:** Wir parken nach Kaltenbronn, bevor es wieder hinabgeht, auf dem südwestlich der Straße liegenden Parkplatz. Von hier aus sind es nur ein paar Minuten bis zum bereits sichtbaren Aussichtsturm auf dem *Hohloh.*

Der **Hohlohturm** (984 m) wurde zuerst Kaiser-Wilhelm-Turm getauft. Der heutige Name stammt von der Bergkuppe, auf der er steht. Ein erster, hölzerner, 15 Meter hoher Turm wurde 1856 errichtet. Er war wegen der häufigen Niederschläge öfter reparaturbedürftig. 1893 wurde mit Schildern vor seiner Besteigung gewarnt; 1894 hat man die hölzerne Plattform abgerissen. Nachdem in den letzten zehn Jahren des 19. Jahrhunderts rund dreißig Aussichtstürme vom Schwarzwaldverein und den Kurverwaltungen errichtet wurden, fasste man auch die erneute Errichtung eines Turms auf dem Hohloh ins Auge. So wurde Maurermeister Katzenberger aus Eisental mit dem Bau eines 22 Meter hohen Turms aus Sandstein beauftragt. 22 Männer verarbeiteten in rund drei Monaten etwa 350 Kubikmeter behauene Sandsteine, die in der näheren Umgebung gebrochen wurden. 85 Kubikmeter Mauersand schaffte man aus dem Tal herauf, außerdem 350 Zentner Zement

Blick vom Hohlohturm nach Nordwesten

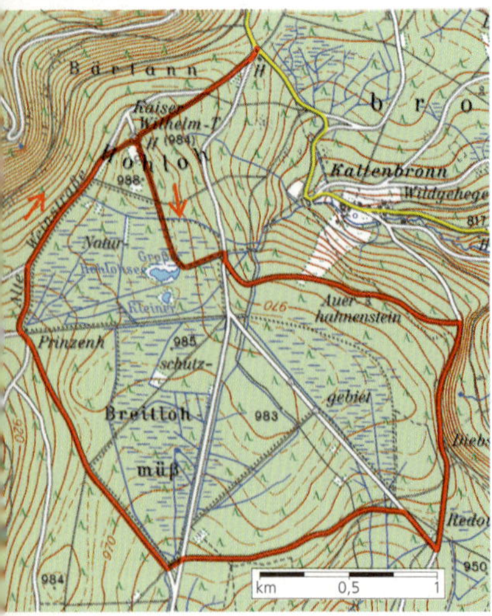

und Schwarzkalk. Das Wasser zum Bau holte man mit Fuhrwerken aus dem nahen Hohlohsee. Die Arbeiter schliefen in einer Baracke an der Baustelle.

Wenn man die 122 Stufen hochgestiegen ist, hat man einen weiten Blick ins Murgtal und das Rheintal, nach Nordosten in Richtung Enztal und Pforzheim.

Nach der Turmbesteigung gehen wir auf dem Weg, der von der Anstiegsrichtung gesehen nach links führt, zum *Moor.*

Rechts: Der markante Hohlohturm

Blick vom Hohlohturm nach Westen zum Rheintal

Das **Hohlohmoor** (etwa 980 m) ist 36 Hektar groß. Es umschließt den seit 1940 unter Naturschutz stehenden **Hohlohsee**. Sein Name (Loh = Flamme) weist darauf hin, dass man einst mit Brandrodung versucht hatte, die moorigen Flächen urbar zu machen. Die Moore entstanden in der letzten Eiszeit, als in abflusslosen Senken eine Versumpfung stattgefunden hat. Hier wachsen vor allem Torfmoose und Sauergräser, deren absterbende Teile sich unter Luftabschluss zu Torf umwandeln. Da das Moor immer mehr in die Höhe wuchs, verloren die Pflanzen den Kontakt zum Untergrund mit seinen Nährstoffen. Hier können nur Pflanzen überdauern, die ihre Nahrung ausschließlich aus Niederschlägen beziehen.

Wir durchqueren das Moor auf einem Holzbohlenpfad. Er knickt nach links ab und bringt uns zu einem querenden Forstweg. Wir halten uns rechts, nehmen aber gleich den Abzweig nach links. Er bringt uns leicht fallend zu einem Querweg, in den wir rechts einbiegen. Wir orientieren uns nun an der blauen Raute.

Es steigt an. Nach links haben wir ab und zu einen schönen Blick über die waldreichen Höhenzüge des Schwarzwaldes. Schließlich zweigt der markierte Wanderweg nach links als Pfad ab; wir gehen aber auf dem breiten Forstweg weiter. Etwas später kommen wir zu einer Lichtung. Direkt vor ihr biegen wir rechts ab. Rechts des Weges liegt als Erinnerung an frühere Kämpfe mit den Franzosen eine »*Redoute*«, heute noch erkenntlich an einem Wall.

Die **Redouten** in der Gegend stammen aus der Zeit des Spanischen Erbfolgekrieges (1701–1704), als Befestigungsanlagen wie die Eppinger Linien, die Ettlinger Linie und die Schwarzwaldlinie erbaut wurden. Die Schwarzwaldlinie, zu der diese Befestigung gehörte, sollte mit einer Reihe von Posten, Schanzen und Gräben die Höhenzüge schützen. Die Redouten oder Schanzen bestanden aus einem Wall und waren von tiefen Gräben umgeben. In der Mitte stand ein Blockhaus zum Schutz der Soldaten. Der Name kommt vom französischen redouter, also »sich fürchten«.

Etwas später gehen wir an einer Kreuzung geradeaus, ebenso an der nächsten Verzweigung; hier lassen wir den links abbiegenden Weg unbeachtet. Nun wandern wir relativ eben über die Hochfläche, bis wir auf einen Querweg stoßen. Wir gehen, vorbei an einer links liegenden Wiesenfläche, noch kurz geradeaus, biegen aber gleich nach der Wiese rechts ab. Es steigt vorerst leicht an. Etwas später treffen wir auf die *Prinzenhütte* (954 m); nach ihr orientieren wir uns rechts. Kurz danach mündet von links ein weiterer Weg ein. Nach links bietet sich uns ab und zu ein schöner Blick ins Rheintal. Immer geradeaus weitergehend kommen wir zum bald sichtbaren *Hohlohturm* zurück. Danach gehen wir auf bekanntem Weg zurück zum Ausgangspunkt.

- **Länge:**
  Etwa 9 Kilometer.

- **Zeit:**
  Etwa 3 Stunden.

- **Höhenunterschied:**
  Etwa 150 Meter.

- **Karte:**
  Freizeitkarte 502, Pforzheim, Landesvermessungsamt Baden-Württemberg.

- **Sonstiges:**
  Die Wanderung verläuft auf festen Wegen und kann auch mit dem Rad abgefahren werden.

- **Für Eilige:**
  Vom Parkplatz bis zum Turm sind es nur wenige Minuten. Man sollte aber auf jeden Fall bis zum See gehen.

Auf dem Ruhestein

Blick vom Eutinggrab zum Wildsee

Parkplatz Ruhestein – Wildsee – Darmstädter Hütte – Parkplatz Ruhestein

Entlang der Schwarzwaldhochstraße gibt es immer wieder Wandermöglichkeiten, die zu Aussichtspunkten führen. Bei dieser Tour hat man zunächst einen Blick über den Wildsee nach Osten und später nach Westen ins Rheintal. Eine empfehlenswerte Erweiterung ist eine Fahrt auf der Schwarzwaldhochstraße. Sie bietet von Zeit zu Zeit Parkmöglichkeiten an herrlichen Aussichtsplätzen.

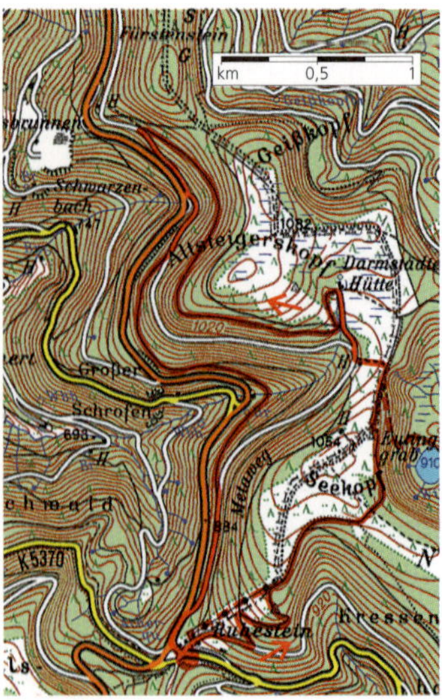

Ausgangspunkt:
Parkplatz Ruhestein an der Schwarzwaldhochstraße (B 500), östlich von Ottenhöfen im Schwarzwald.

Wegverlauf:
Wir fahren entweder mit dem Sessellift auf die Höhe oder wandern auf dem vom Parkplatz ausgehenden Sträßchen im Zickzack zur Bergstation. Die rote Raute beziehungsweise das Zeichen »Darmstädter Hütte« dient als Orientierung. An der Bergstation führt der Weg rechts weiter. Wir kommen durch eine heideartige Hochfläche mit Birken und Kiefern sowie abgestorbe-

Vom Seekopf aus hat man einen phantastischen Blick auf den Wildsee.

nen Bäumen. Das Ganze schafft eine tundraähnliche Atmosphäre. Später sehen wir eine große Zahl vom Baumsterben geschädigter Bäume, ganz zu schweigen von den weiten, vom Orkan Lothar am 26. Dezember 1999 frei gefegten Flächen.

Die Gegend gehört zum so genannten **Grindenschwarzwald,** wobei man mit Grinden die Gipfelhochflächen aus den Schichten des Mittleren Buntsandsteins bezeichnet. Die Vegetation besteht vor allem aus Hochmoor und Feuchtheide. Die Landschaft ist nicht natürlich entstanden, sondern auf menschliche Einflüsse zurückzuführen, denn man nutzte sie früher zur Beweidung. 1911 wurde um den Ruhestein der erste Bannwald Württembergs ausgewiesen. Auch der **Wildsee** ruht im Bannwald. Seit 1939 steht die Gegend unter Naturschutz. Der Wildsee ist ein in den Eiszeiten entstandener Karsee und von einer über hundert Meter hohen Karwand umgeben.

An der Kreuzung am 1035 Meter hohen Seekopf gehen wir geradeaus. Kurz darauf kommen wir zu Bänken und danach zum Eutinggrab. Man hat einen prächtigen Blick hinab zum Wildsee, in die Täler und über die großen Waldflächen des Nordschwarzwaldes nach Osten.

Beim **Eutinggrab** ist die Urne des »16-Sprachen-Männles« Professor Julius Euting (1839–1913) bestattet. Er war Direktor der Universitätsbibliothek Straßburg, Orientalist, Theologe, Philosoph, Präsident des Gesamt-Vogesen-Clubs und Vorsitzender der Deutschen Gebirgs- und Alpenvereine. Wegen seiner Verdienste durfte er mit Erlaubnis von König Wilhelm II. auf dem Ruhestein 1909 seine eigene Grabstelle bauen.

Am Abzweig zur »Falzhütte« kann, wer möchte, zum Wildsee absteigen, muss dann aber wieder zurückkehren. Wir folgen weiter den Schildern zur »Darmstädter Hütte«, bis wir vor dieser Einkehrmöglichkeit stehen. Hier spazieren wir auf dem abwärts führenden Weg bis zum nächsten Querweg, an dem wir uns mit der roten Raute rechts halten. Es geht kurz durch den Wald, danach kommen wir zu »lothargeschädigten« Freiflächen und schließlich zu einem Gedenkstein für dieses Naturereignis. Einen prächtigen Ausblick hat man hinab nach Seebach und ins Rheintal. Weniger schön ist der Blick zur Hornisgrinde mit ihren sturmgeschädigten Bergflanken.

Wir gehen weiter, bis nach links ein Weg abzweigt. Im Prinzip wandern wir jetzt mit Auf und Ab parallel zur Schwarzwaldhochstraße. Der Weg steigt nach dem Parkplatz etwas an, kurz danach zweigen wir rechts ab. Etwas später müssen wir noch einmal rechts abbiegen. Unser Forstweg mündet später in die Schwarzwaldhochstraße. Kurz davor gehen wir auf dem Pfad nach links in den Wald und in wenigen Minuten zurück zum Ruhestein.

Im Naturschutzzentrum können Interessierte eine Ausstellung über die Welt des Nordschwarzwaldes, seine Geologie, seine Tier- und Pflanzenwelt, seine historische Nutzung und Möglichkeiten des Schutzes ansehen. Besonders interessant ist das computergesteuerte Landschaftsmodell der Umgebung. Für Kinder werden die Nachbildung eines Waldes und mit Hilfe eines Krabbelganges ein Einblick in das Innere einer Blockhalde geboten.

- **Länge:**
  Etwa 8 ½ Kilometer.

- **Zeit:**
  Etwa 2 Stunden.

- **Höhenunterschied:**
  Bei Benützung des Sesselliftes etwa 160 Meter, ohne etwa 280 Meter. Abstieg zum Wildsee zusätzlich.

- **Empfohlene Karte:**
  Freizeitkarte 504, Freudenstadt, Landesvermessungsamt Baden-Württemberg.

- **Einkehrmöglichkeit:**
  Ruhestein, Darmstädter Hütte.

So sieht man von unserem Wanderweg aus nach Westen.

Sonstiges:

Die Wanderung verläuft auf festen Wegen. Öffnungszeiten des Naturschutzzentrums: Mai bis September täglich außer Montag und Freitag 10 bis 18 Uhr, Oktober bis April täglich außer Montag und Freitag 10 bis 17 Uhr. Auskunft gibt es unter Telefon (0 74 49) 91 02-0.

Literatur:

Dieter Buck: Fundort Natur. Cadolzburg 2001.

Die Burg der Hohenberger

Die Weilerburg – heute ein Aussichtsturm

Weiler – Weilerburg – Bad Niedernau – Weiler

Am Westrand des Rammerts, eines schönen Waldgebietes südöstlich von Rottenburg, steht heute an der Stelle einer Burg des Hochadelsgeschlechtes der Hohenberger ein Aussichtsturm. Die Wanderung führt uns durch schöne Wald- und Wiesenlandschaften und bietet noch manch weiteren bezaubernden Ausblick.

- **Ausgangspunkt:**
  Rottenburg am Neckar-Weiler.

- **Wegverlauf:**
  Von Rottenburg kommend biegen wir am Ortsanfang von Weiler links ab (»Sportplatz«), dann gleich rechts und kurz danach links in die Burgstraße. Ihr folgen wir an der Kirche vorbei bis zum dahinter liegenden Wanderparkplatz.

  Nun wandern wir auf dem Weg, der in Verlängerung der Burgstraße nach Osten zieht. Kurz darauf halten wir uns an der Verzweigung mit dem Wanderzeichen rotes Kreuz links und steigen auf schmalem Pfad hinauf zu dem *Aussichtsturm.*

An Stelle des **Aussichtsturmes** auf dem 555 Meter hohen Hügel stand früher eine Burg. Sie wurde im 12. Jahrhundert erstmals genannt und war im 13. Jahrhundert Sitz

Schon beim Aufstieg zur Weilerburg hat man einen schönen Blick.

des Hochadelsgeschlechts der Grafen von Hohenberg. Auch nachdem diese im Tal am Platz der heutigen Vollzugsanstalt sich eine neue Burg erbaut hatten, blieb diese Alt-Rotenburg genannte Anlage bis Ende des 14. Jahrhunderts bewohnt. Sie wurde bei einem Fehdefeldzug des Grafen Friedrich von Zollern (genannt Oetinger) 1407 zerstört. Steine aus der Burg wurden später zum Bau des Kapuzinerklosters in Rottenburg verwendet. Die Hohenberger waren eine seit Ende des 12. Jahrhunderts bestehende Seitenlinie der Hohenzollern. Ihr Ausgangspunkt war die Burg Oberhohenberg nahe Deilingen (bei Tuttlingen). Als bedeutendste Persönlichkeit der Hohenberger gilt Mechthild von der Pfalz, die Gattin des Grafen Ludwig von Württemberg und Mutter des Grafen Eberhard im Bart.

Außen an dem 24 Meter hohen Turm sind Wappen, eine Grabplatte und eine Gedenkplatte angebracht, die an die Einweihung des Turmes als »Sieges- und Minnesängerdenkmal« und an den »ruhmreichen Feldzug 1871« erinnert. Erste Pläne, den Berg touristisch zu erschließen, gab es bereits 1833, als ein Bäckermeister einen Ausflugspavillon mit Weinausschank errichtete. 1852 war ein Bau zum Gedenken an die Hohenberger geplant, aber wohl unter dem Einfluss von Hans Carl von Ow-Wachendorf wurde der Turm dann als Minnesängerdenkmal ausgewiesen. Gegen diese Umwidmung machten sich damals auch Kritiker stark. Als Bauherr trat der Sülchgauer Altertumsverein (erst Hohenbergscher Alterthumsverein) auf. Zur Unterstützung wurden Spenden in weitem Umkreis gesammelt; am 18. Juli 1874 wurde die Einweihung gefeiert. Der Bau des Turmes durch einen Geschichtsverein ist eine Besonderheit, wurden Aussichtstürme doch sonst von den Verschönerungsvereinen oder den Wandervereinen errichtet.

Vom Turm aus hat man eine prächtige Rundumsicht. Ist er geschlossen, kann man zumindest beim Auf- und Abstieg von beziehungsweise nach Weiler einen Blick über das Land genießen. Der Turm ist zwischen Mai und September geöffnet, wenn die Fahne gehisst ist.

Danach folgen wir dem Wanderzeichen bergab. Kurz nach dem Turm geht es an der Verzweigung dem blauen Balken des Schwäbischen Albvereins nach hinab zu einem Sportplatz, an dem wir links vorbeiwandern. Nach dem Platz beziehungsweise unterhalb halten wir uns rechts. Etwas später überqueren wir nach einem kleinen steinernen Sühnekreuz die Landstraße und folgen dem dahinter weiterführenden Asphaltsträßchen. Es beschreibt bald eine Linkskurve; hier zweigen wir mit dem Wanderzeichen blaues Kreuz nach links in Richtung Bad Niedernau ab.

Nun wandern wir auf einem schmalen Waldweg. Nach einiger Zeit sehen wir eine römische Säule, die von einem Gutshof, einer »villa rustica«, stammt und hierher gebracht wurde. Nach einiger Zeit überqueren wir einen Einschnitt, dahinter geht es wieder etwas hoch. Wer will, kann kurz darauf einen Abstecher zur Rottenburger Altstadtkapelle machen.

Der romanische Vorgängerbau der Rottenburger **Altstadtkapelle Unserer Lieben Frau** stammt von 1268 und war Albertus Magnus geweiht. Ende des 17. Jahrhunderts wurde sie umgebaut.

Wir folgen dem Weg bis zu einer *Aussichtskanzel* mit einem Kreuz, wo wir auf den Sebastian-Blau-Wanderweg treffen. Hier ist auch sein Gedicht »Descht älles dei« mit den zu einem Aussichtspunkt passenden Eingangszeilen »Gucks a', des Land em Sonneschei …« angeschrieben.

Weiter dem Waldweg folgend haben wir bald schöne Blicke hinab ins Neckartal; schließlich erreichen wir die ersten Häuser von *Bad Niedernau*. Kurz nachdem wir unten eine Brücke über den Fluss gesehen haben, verzweigt sich der Weg. Wir bleiben oben auf dem Sebastian-Blau-Weg. Bald kommen wir in eine Wohnstraße, der wir in Gehrichtung folgen. Nach rechts haben wir noch einmal einen schönen Blick über die Kirche ins Neckartal.

Immer geradeausgehend kommen wir schließlich in die Weiler Steige und verlassen den Ort. Im Wald zieht sich die Asphaltstraße scharf links hoch; hier wandern wir auf dem Forstweg geradeaus. Es geht noch eine Weile bergauf, dann verlassen wir den Wald und haben einen schönen Blick auf den Hügel mit der Weilerburg und auf Weiler.

Wenn wir *Weiler* erreichen, halten wir uns an der Durchgangsstraße kurz links und gehen an der Bushaltestelle ein paar Stufen hinauf zur Burgstraße. Ihr folgen wir wieder bis zum *Ausgangspunkt*.

Der Aussichtsturm erinnert an einen Bergfried.

- **Länge:**
  Etwa 8 ½ Kilometer.
- **Zeit:**
  Etwa 3 Stunden.
- **Höhenunterschied:**
  Etwa 250 Meter.
- **Karte:**
  Freizeitkarte 523 Tübingen Reutlingen, Landesvermessungsamt Baden-Württemberg.
- **Grillmöglichkeit:**
  Weilerburg.
- **Sonstiges:**
  Die Wanderung verläuft auf Naturpfaden und festen Wegen.
- **Für Eilige:**
  Von Weiler aus ist man in etwa 20 Minuten zum Aussichtsturm hochgewandert.

Altstadt, Aussichtsturm und ein idyllisches Tal

Von Leonberg auf den Engelbergturm

Leonberg – Engelbergturm – Forchenrain – Gerlingen – Glemstal – Leonberg

Dem Titel des Buches entsprechend ist natürlich der Engelbergturm Höhepunkt dieser Wanderung. Doch schon die Leonberger Altstadt und der berühmte Pomeranzengarten sind lohnende Ziele. Die Wanderung verläuft zwar durch das Stadtzentrum, wer jedoch noch etwas mehr Zeit hat, kann ausgiebig durch die alten Gassen bummeln; es ist auch ein »Historischer Stadtrundgang« ausgeschildert. Der Rückweg verläuft durch das idyllische Glemstal.

- **Ausgangspunkt:** Leonberg.

- **Wegverlauf:** Wir gehen vom *Bahnhof* aus in östlicher Richtung erst durch die Bahnhofstraße, dann durch die Mühlstraße, bis diese auf die Rutesheimer Straße trifft. Hier halten wir uns rechts, dann gleich links in Richtung Pomeranzengarten. Es geht steil hoch zu diesem *Renaissancegarten*. Danach spazieren wir durch den Schlossdurchgang und dahinter nach rechts. Vorbei am Schloss und an der Kirche kommen wir zum *Marktplatz*, den wir nach links überqueren. Danach bringt uns die Graf-Ulrich-Straße nach rechts zu einer Ampel vor der Grabenstraße.

Leonberg wurde 1248/49 von Graf Ulrich I. von Württemberg als militärischer Stützpunkt gegen die Stauferstadt Weil der Stadt gegründet. Durch die günstige Lage auf einem Bergsporn musste die Siedlung nur auf einer Seite verteidigt werden. Historisch bedeutsam für das Land war das Jahr 1457, als hier der erste württembergische Landtag beriet. Düsterer war die Zeit um 1617, als die Mutter des großen Astronomen Johannes Kepler als Hexe angeklagt war. Der Sohn nahm sich die Zeit, die Verteidigung zu führen, die auch dank der Standhaftigkeit der Keplerin erfolgreich war.

Sehenswert ist der Marktplatz, wohl eines der schönsten Fachwerkensembles des Landes. Der »Wäppner« auf dem 1566 geschaffenen Marktbrunnen stellt den Landesherrn dar. Daneben steht das prächtige Alte Rathaus mit schöner Fachwerkkonstruktion. Unterhalb des Schlosses befindet sich der Pomeranzengarten. Nur wenige von diesen in der Spätrenaissance in Europa so beliebten Terrassengärten sind noch übrig geblieben. Er war 1609/10 von dem berühmten Baumeister Heinrich Schickhardt erbaut worden; 1980 wurde er rekonstruiert.

Der Weg zum Engelbergturm

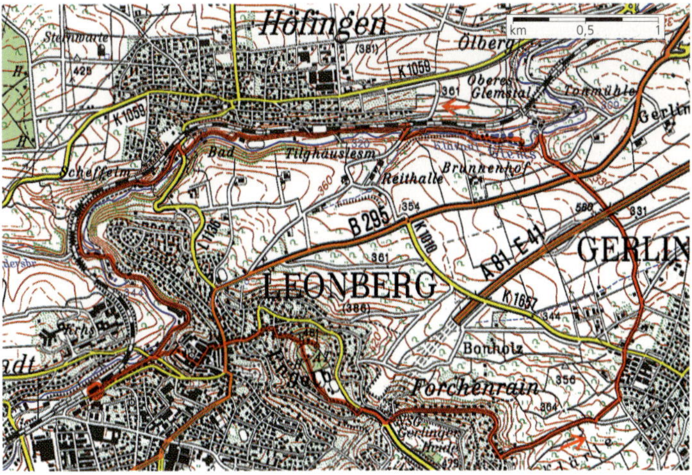

Das Wahrzeichen Leonbergs: ein Wasser- und Aussichtsturm

Hinter der Kreuzung folgen wir mit dem blauen Kreuz der Stuttgarter Straße. An ihrer Linkskurve gehen wir geradeaus in die Straße Am Bierkeller hinein und nehmen gleich darauf die nach rechts abzweigende Treppe. Nach ihr halten wir uns in der Straße Obere Burghalde rechts, biegen gleich wieder nach links ab. Wir steigen nun weiter auf Treppenstufen hinauf bis zu einer Wiese. Links steht ein Gedenkstein für den Kepler-Gau des Deutschen Sängerbundes. Wir wandern später zwar hier geradeaus weiter, biegen aber zuerst nach links ab. Vorbei an dem Türmchen »Leonberger Warte« kommen wir zum *Engelbergturm.*

Der **Engelbergturm** (480 m) wurde 1927 als Wasser- beziehungsweise Aussichtsturm zur Sicherung der Wasserversorgung für das Golfplatzgebiet und die damalige Forchenrainsiedlung geplant. Nach Fertigstellung im Frühjahr 1928 wurde der Turm zur Besichtigung freigegeben.

Über die Aussicht schrieb das Leonberger Tageblatt am 12. März 1928: *»Die Rundschau ist nun ganz prächtig, trotz dem der Schönbuch von der Schwäbischen Alb nur die Höhenränder und die Spitzen freilässt. Vom Schwarzwald sehen wir leichte Konturen der Höhen um den 988 m hohen Hohlohkopf. Im Norden reicht der Blick bis zum Odenwald, von dem man den Katzenbuckel deutlich erkennen kann. Aus dem Gewirr der Löwensteiner, Mainhardter und Murrhardter Waldberge sind viele Einzelheiten festzustellen. Durch das Remstal sehen wir den Hohenrechberg und den Hohenstaufen. Von dort ver-*

Blick vom Forchenrain auf Gerlingen, links im Hintergrund Ditzingen

folgt unser Auge die ganze Kette der Schwäbischen Alb fast ohne Unterbrechung bis zum Hohenzollern.«

Am 30. April 1929 verursachte ein Blitzschlag erheblichen Schaden. Daraufhin beschloss der Gemeinderat, dass ein Blitzableiter für 330 Reichsmark zu installieren sei.

Die ersten drei Stockwerke des Turmes werden nicht genutzt. Im vierten Stockwerk befindet sich der ehemalige Wasserbehälter, der ein Fassungsvermögen von 72 Kubikmetern hat und bis 1953 in Betrieb war. Um den ständig steigenden Tagesbedarf von Leonberg von zur Zeit 7600 Kubikmetern decken zu können, wurde ein neuer, größerer Behälter auf dem Studentenbäumle beim Waldfriedhof gebaut.

Der Turm ist 34,7 Meter hoch und hat einen Durchmesser von 7,9 Meter. Insgesamt besitzt er fünf Stockwerke, von denen das obere als Aussichtsplattform genutzt wird. Zu ihr führen 123 Stufen hinauf.

Die Öffnungszeiten: April bis Oktober sonntags und an Feiertagen von 9 bis 17 Uhr, sonst nach Absprache mit dem Bürgeramt (Telefon 0 71 52 / 990 - 23 30).

Nach der Besteigung kehren wir zurück zum Gedenkstein und gehen über die Wiese nach links. Nach einem kurzen Waldstück kommen wir zu Sportplätzen, danach zu einem Parkplatz und dahinter wieder zur Stuttgarter Straße. Wir folgen ihr kurz in Gehrichtung, biegen aber gleich links ab in die *Forchenrainstraße.* Nun geht es einige Zeit durch das Wohngebiet Forchenrain. Nach einigen Minuten haben wir nach links einen prächtigen Blick über die Weinhänge hinab ins Strohgäu und nach Gerlingen. Nach einiger Zeit stoßen wir auf den Steingrübenweg. Auf ihm gehen wir steil links hinab.

Die Straße führt durch Kleingärten und Baumwiesen, bis sie sich kurz vor Gerlingen verzweigt. Wir halten uns links und stoßen direkt vor den Häusern auf die Ringstraße. Ihr folgen wir nach links; für eine Weile marschieren wir nun immer nach Norden. Nach einer vorfahrtsberechtigten Straße geht es in der Mühlstraße weiter. Wir unterqueren die Autobahn und kommen dahinter zu einer Landstraße. Aut der anderen Seite nehmen wir den Weg, der in unserer Gehrichtung zur »Fleisch-Mühle« führt. Wir behalten bei einer Kreuzung gleich danach unsere Richtung bei, biegen aber vor der Mühle links ab.

Nun sind wir auf dem Radweg, der durch das Glemstal führt. Wir orientieren uns jetzt am blauen Hufeisen, auch da, wo sich der Weg nach der Kläranlage verzweigt. Nach einiger Zeit sehen wir auch einige interessante Schilder des »Landschaftspfades«. Wir kommen an *Höfingen* vorbei, danach an einigen *Sportanlagen.* Schließlich sind wir in der Leonberger Mühlstraße, die uns bis zur querenden Rutesheimer Straße bringt. Geradeaus spazieren wir auf bekanntem Weg zurück zum *Bahnhof.*

- **Länge:**
  Etwa 13 Kilometer.

- **Zeit:**
  Etwa 4 Stunden.

- **Höhenunterschied:**
  Etwa 200 Meter.

- **Karte:**
  Freizeitkarte 520, Stuttgart, Landesvermessungsamt Baden-Württemberg.

- **Einkehrmöglichkeit:**
  Vereinsgaststätten, Leonberg.

- **Sonstiges:**
  Die Wanderung verläuft auf festen Wegen. Wer mit dem Auto anreist, stellt es vielleicht auf dem Parkplatz unterhalb des Engelbergturmes besser ab als am Bahnhof und beginnt die Wanderung hier.

- **Für Eilige:**
  Man kann an den Sportplätzen unterhalb des Engelbergturmes parken. Von hier aus sind es nur ein paar Minuten zum Turm.

- **Zum Nachlesen über den Pomeranzengarten:**
  Dieter Buck: Fundort Geschichte. Cadolzburg 2003.

Die Landeshauptstadt von oben

Stuttgart – Stadt der Aussicht

Bismarckturm · Killesbergturm · Hermann-Lenz-Höhe · Birkenkopf · Fernsehturm · Eugensplatz · Uhlandshöhe · Geroksruhe · Kriegsbergturm · Silberburganlage/Karlshöhe · Burgholzhof · Weißenburgpark

Stuttgart – eine Stadt mit einer lebhaften Topographie, mit ausgeprägten Höhen – hat in allen Himmelsrichtungen zahlreiche Aussichtspunkte aufzuweisen. Alle aufzuführen, würde dieses Buch sicherlich fast füllen. Deshalb seien hier nur die markantesten genannt, einige davon auch mit einem Vorschlag für einen Spaziergang oder eine kleine Wanderung.

Stadttour 1:

Bismarckturm – Killesbergturm – Hermann-Lenz-Höhe

Wir fahren mit der U 7 zur Endstation Messe Killesberg. Hier gehen wir auf der linken Seite entlang der Straße Am Kochenhof stadtauswärts (nach Westen). Nach einigen Minuten biegen wir links in die Parlerstraße ein und zweigen gleich nach rechts in den Feuerbacher Weg ab. Am Ende der Grünfläche halten wir uns rechts in den Bonatzweg, gehen am Ende der Bebauung nach links hinauf und treffen hinter der Straße Am Bismarckturm auf eben dieses Bauwerk.

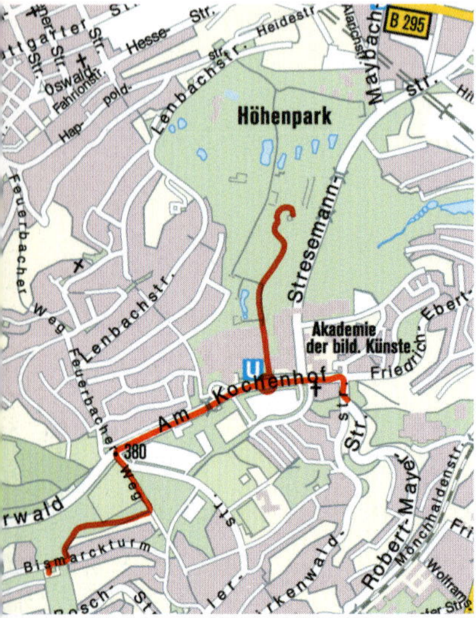

Der **Bismarckturm** (429 m) wurde 1904 von den Studenten der Technischen Hochschule zu Ehren des Eisernen Kanzlers auf dem Gähkopf erbaut. Er entstand auf Initiative von Studenten der Technischen Hochschule nach Plänen des Architekten Wilhelm Kreis. Als Baumaterial fand Stubensandstein Verwendung. Auf dem Turmkopf befand sich eine Feuerschale, in der ein Gemisch aus Teer und Petroleum verbrannt wurde: Zu besonderen Anlässen wie Geburtstag, Todestag oder dem Jahrestag der Reichsgründung sollten Gedenkfeuer an Bismarck erinnern. An der Südseite, der Stadt zugewandt, wurde ein Relief mit einem Reichsadler angebracht. Später diente der Turm ganz profanen Zwecken, denn er wurde ab 1928 als Wasserspeicher genutzt. Wegen baulicher Mängel war er lange Zeit gesperrt, wurde dann aber bis 2002 saniert. Man sieht vor allem nach Süden auf die Stadt, zum Fernsehturm, zum Fernmeldeturm auf dem Frauenkopf und auf den Birkenkopf, nach Nordwesten nach Feuerbach, auf die dortigen Höhenzüge und den links davon befindlichen »Grünen Heiner«.

Geöffnet ist der Turm von Ostern bis Ende Oktober samstags von 15 bis 19 Uhr, sonn- und feiertags 11–19 Uhr. Telefonische Auskunft gibt es unter (07 11) 2 16-71 60.

Nun gehen wir zurück und am Eingang zur Messe nach links in den Park hinein. Bald sehen wir den filigranen Aussichtsturm auf dem Killesberg vor uns.

Der **Killesbergturm** (393 m) steht seit dem 17. Juli 2001, dem 140. Gründungstag des Verschönerungsvereins der Stadt Stuttgart e.V., im Höhenpark Killesberg. Zu dem 43 Meter hohen Bauwerk schrieb der bekannte Garten- und Landschaftsarchitekt Professor Hans Luz: »In dem Kranz der vielen Aussichtspunkte, die durch das Wegesystem im Wartberg und Leibfriedschen Garten erschlossen werden … bieten diese Plattformen den allumfassenden Blick auf die ganze Landschaft.«

Hier an der höchsten Stelle des Killesberges stand bereits 1950 zur Gartenschau ein Turm mit elektrischem Aufzug, der aber zur Internationalen Gartenbauausstellung 1993 abgebrochen wurde. Der jetzige Turm wurde vom Verschönerungsverein erbaut, wozu bereits in den neunziger Jahren Spenden gesammelt wurden. So konnte sich jeder Bürger für eine Spende von damals 1800 Mark auf einer der 350 Treppenstufen verewigen. Vereinbart wurde, dass für die ersten zehn Jahre der Verschönerungsverein Eigentümer des Turmes ist und ihn dann der Stadt übergibt. Verantwortlich für den Entwurf und die Statik des filigranen, netzartigen Stahlbauwerks war Professor Jörg Schlaich. Nach acht, 16, 24 und 31 Metern ist eine Plattform eingebaut, damit der Aufstieg nicht zu beschwerlich wird.

Der filigrane, elegante Turm auf dem Killesberg

Zurückgekehrt zum Eingang halten wir uns links und spazieren bis ans Ende der Straße Am Kochenhof, wo die Birkenwaldstraße nach rechts abknickt. Freunde moderner Architektur machen vorher einen kleinen Abstecher nach links in die Weißenhofsiedlung. Hier an der Hermann-Lenz-Höhe haben wir durch den Spalt über dem emporkommenden Weg einen weiten Blick in Richtung Osten.

Der Aussichtspunkt **Hermann-Lenz-Höhe** ist nach dem Schriftsteller Hermann Lenz benannt, dessen Elternhaus unweit von hier in der Birkenwaldstraße stand. Auf der Gedenktafel steht ein Zitat von Hermann Lenz: »Vor deiner Haut beginnt die Fremde« aus seinem Roman »Die Augen eines Dieners« von 1964. Man sieht von hier aus durch die Lücke nach Osten ins Neckartal.

Hier kann man in den Bus Linie 43 einsteigen und zurück zum Hauptbahnhof fahren.

Stadttour 2:

Birkenkopf – Sophienbrunnen – Blauer Weg – Karlshöhe – Feuersee

- **Ausgangspunkt:**
  Haltestelle Feuersee der Buslinie 92 (Ecke Rotebühl-/Silberburgstraße).

- **Wegverlauf:**
  Wir fahren mit dem Bus zur *Haltestelle Birkenkopf.* Von dort spazieren wir hoch zum westlich liegenden *Birkenkopf.*

Man kennt den **Birkenkopf** (511 m) wohl vor allem unter dem Namen »Monte Scherbelino«, was viel über ihn aussagt: »Monte« von Berg und »Scherbelino« von seinen Bestandteilen. Auf einer Gedenktafel am Fuß des Hügels findet man die folgenden Sätze: »Birkenkopf / Ursprünglich 471,00 m über NN / heute 511,20 m über NN / Erhöhung um 40,20 Meter 1953–1957 durch Aufschüttung von 1,5 Millionen Kubikmeter Trümmerschutt aus der in 53 Luftangriffen im 2. Weltkrieg zu 45 % zerstörten Stadt Stuttgart.«

Wer den Birkenkopf besteigt, wandert zuerst durch Wald, dann wird der Blick freier und bald hat man eine Aussicht. Man kann aber auch die Trümmer nicht übersehen: Teile von Häusern, die erkennen lassen, dass Stuttgart eine schöne Stadt mit prächtig geschmückten Gebäuden war. Man erkennt noch Details von Fassaden, eine Grabplatte, Reliefs …

Wie es sich für einen richtigen Berg gehört, steht auf dem Gipfel

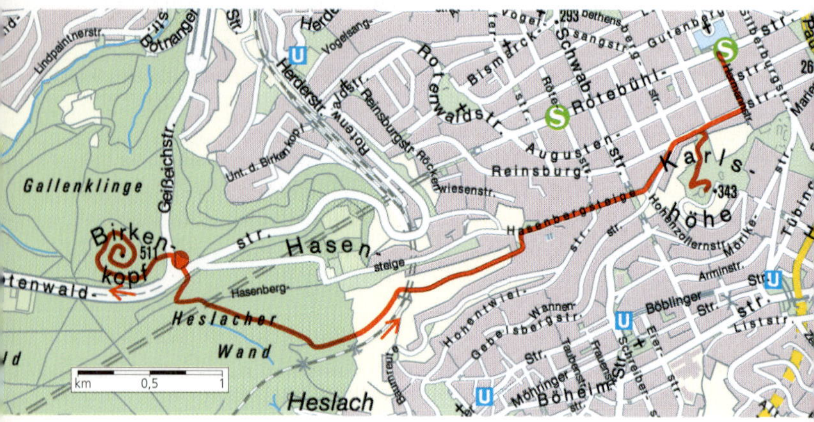

ein Kreuz. Das erste wurde 1953 nur provisorisch errichtet, weil man überlegte, ob man nicht eine Skulptur aufstellen soll. Im August 1954 wurde es durch Blitzschlag zerstört. Das jetzige, mittlerweile fünfte Kreuz wurde am Buß- und Bettag 2003 errichtet und ist aus Eisen.

Nun gehen wir zurück zur Bushaltestelle, überqueren die Rotenwaldstraße und betreten den Wald. Es geht erst auf einem Naturweg geradeaus etwas hinab zu einem querenden Weg. Hier halten wir uns rechts, nehmen aber den von diesem Querweg nach links abzweigenden Weg, der uns in ein paar Minuten hinab zur Hasenbergsteige und zum Sophienbrunnen bringt.

Wir biegen links in die Hasenbergsteige ein, nehmen gleich darauf den nach rechts abzweigenden Weg. Auf ihm gehen wir leicht abwärts, bis wir auf den mit dem blauen Strich markierten Blauen Weg treffen. Wir halten uns links und haben nun ab und zu einen schönen Blick hinab nach Heslach, zum Fernsehturm und zum Turm auf dem Frauenkopf. Der Weg führt entlang alter Weinbergmauern und durch eine manchmal wild und urwaldhaft wuchernde Natur, die aus den Kleingärten herausdrängt. Schließlich kommen wir wieder zu Häusern; der Weg zieht nach links und mündet in die Hasenbergsteige, auf der wir rechts abwärts gehen.

Gleich darauf liegt links eine Aussichtsfläche, von der aus wir in den Stuttgarter Westen hinabsehen. Schließlich treffen wir auf die Reinsburgstraße, der wir stadteinwärts folgen. Wer möchte, kann gleich darauf nach rechts hinaufsteigen zur *Karlshöhe* (siehe unten). Danach nehmen wir die Senefelderstraße oder die Hermannstraße, die uns zur Rotebühlstraße und zur *S-Bahn-Station Feuersee* bringt.

Einen der schönsten Blicke über Stuttgart hat man vom Birkenkopf.

■ **Länge:**

Etwa 3 Kilometer (ohne Besteigung des Birkenkopfes und der Karlshöhe).

■ **Zeit:**
Etwa 45 Minuten (ohne Besteigung des Birkenkopfes und der Karlshöhe).

■ **Höhenunterschied:**
Etwa 170 Meter (ohne Besteigung der Berge); die Wanderung führt nur bergab.

■ **Karte:**
Stadtplan der Stadt Stuttgart.

■ **Sonstiges:**
Ausschließlich feste Wege.

■ **Für Eilige:**
Man kann auch am Birkenkopf direkt bei der Bushaltestelle parken.

Weitere Aussichtspunkte in Stuttgart

Am 5. Februar 1956 wurde der **Fernsehturm** (483 m) nach nur zwanzigmonatiger Bauzeit in Betrieb genommen. Der 217 Meter hohe Turm wurde von Professor Fritz Leonhardt erbaut und ist das Urmodell aller späteren Fernsehtürme. Er ist zwar heute einer der kleinen Exemplare im Vergleich zu den nachfolgenden Giganten, gefiel den Südafrikanern aber so gut, dass sie sich in Johannesburg eine exakte Kopie aufstellen ließen. Seine Geschichte ist verzwickt, denn zuerst wollte der Südfunk nur einen der üblichen Eisen-Gittermasten, 200 Meter hoch und mit Drahtseilen gesichert, aufstellen. Dagegen ging der als Brückenbauer bekannte Stuttgarter Ingenieur Dr. Fritz Leonhardt an und schlug eine elegante Betonnadel vor, die sich sogar touristisch und gastronomisch nutzen ließe und so die Baukosten amortisieren würde. Der SDR war begeistert, nicht so sehr der Stuttgarter Gemeinderat, der in dem Vorhaben ein nicht zu kalkulierendes Risiko sah, das er ablehnte. Die Baukosten stiegen von 1,8 auf 4,2 Millionen Mark, waren aber bereits nach fünf Jahren durch die Einnahmen für die Auffahrt wieder hereingeholt. Auch nicht alle Stuttgarter waren von den Plänen angetan, Worte wie »Schandmal« und »Schildbürgerstreich« fielen und auch der Schwäbische Heimatbund sprach von »Verschandelung«.

Der Turm bietet den besten Überblick über die Stadt, die Weinberglandschaft des Neckartales, die Filderebene, zum Schwarzwald, zum Odenwald und zur Schwäbischen Alb, an Tagen mit besonders guter Sicht sogar bis zu den Alpen. Durch eine besondere Konstruktion steht der Turm auch bei großen Stürmen fest. Er schwankt selbst bei einem Orkan von 170 km/h nur um 30 Zentimeter, am Ende des Antennenmasts nur um maximal 1,5 Meter. Das Gewicht des Turmes beträgt 3000 Tonnen. Ein Aufzug bringt den Besucher mit einer Geschwindigkeit von fünf Metern pro Sekunde in 36 Sekunden auf die 152 Meter hohe Plattform. Wer lieber zu Fuß geht: Die Treppe hat 762 Stufen! Ausgestrahlt werden von hier aus die Hörfunkprogramme des SWR und das erste Programm der ARD.

Der Turm ist täglich außer am 24. Dezember von 9 bis 23 Uhr geöffnet; letzte Auffahrt ist um 22.30 Uhr. Auskunft unter Telefon (07 11) 23 25 97 oder www.fernsehturm-stuttgart.com.

Die Aussicht vom **Eugensplatz** reicht durch eine Schneise zwischen den hoch gewachsenen Bäumen zum Stadtkern. Interessant ist der prächtige Galateabrunnen. Erreichbar ist der Platz mit der Straßenbahnlinie 15 oder mit Bus 42. Zurück zur Innenstadt kann man die Eugenstaffel gehen. Man kann diesen Aussichtspunkt verbinden mit einer Tour zur Uhlandshöhe und zur Geroksruhe (siehe unten).

Erreichbar ist die **Uhlandshöhe** (353 m) mit der Straßenbahnlinie 15 bis Haltestelle Heidehofstraße. Dann geht man auf der Ostseite den Alfred-Lörcher-Weg hoch, vorbei am Werkstatthaus, einem schönen Jugendstilhaus – der 1903/04 erbauten Villa Hauff – und durch den Park hinauf zu dem Aussichtsturm. Davor noch, an der Wegkreuzung, steht die vom Künstler Bernd Stöcker geschaffene Skulptur »Eva«. Der Kern der Parkanlage wurde zwischen 1861 und 1896 angelegt. Von damals stammt auch der schöne alte Baumbestand. Man hat einen lohnenden Blick auf das Stadtzentrum. Die einzelnen Punkte sind auf Tafeln erklärt. Wer möchte, folgt dem Weg weiter bis zur Sternwarte; von der kleinen Freifläche davor sieht man hinab nach Gablenberg und Ostheim, zum Gaskessel und zu den Weinbergen um Rotenberg und Kappelberg. Von diesem Punkt bietet sich eine Tour zum Eugensplatz und zur Geroksruhe an (siehe dort).

Die **Geroksruhe** ist mit der Straßenbahnlinie 15 bis Haltestelle Geroksruhe erreichbar. Der Platz ist nach Karl Gerok (1815–1890) benannt. Er war Prälat und Oberhofprediger und hat Stuttgart in vielen schönen Gedichten verewigt. Auf der Aussichtsplattform gibt es eine Bronzetafel, die die Aussichtsziele erklärt. Der Blick reicht über Stuttgart nach Norden und Osten. Markante Punkte sind beispielsweise der Königstuhl bei Heidelberg (80 km), der Katzenbuckel im Odenwald (85 km), die Heuchelberger Warte (41 km), der Stocksberg bei Löwenstein (37 km), der Juxkopf, der Eselsberg (30 km) und Häfnerhaslach (36 km). Bei der Plattform befindet sich auch ein Spielplatz.

Fährt man mit der Straßenbahn, sollte man ab der Haltestelle Eugensplatz (siehe oben) die Augen offen halten, denn es gibt immer wieder Stellen mit freier Aussicht. An der Haltestelle Bubenbad hat man am Albrecht-Goes-Platz (1908–2000,

Von der Uhlandshöhe öffnet sich ein Stuttgart-Panorama erster Klasse.

Pfarrer und Schriftsteller) einen Blick zur Innenstadt. Wer will, steigt hier aus und spaziert kurz die Richard-Wagner-Straße entlang. Nach dem Staatsministerium in der mächtigen Villa Reitzenstein kommt rechts die Wieland-Wagner-Höhe mit einer weiteren Aussichtsplattform. Fährt man weiter mit der Bahn, sieht man bis zur Geroksruhe nach rechts schön zur Stadt und zum Fernsehturm. Man kann diesen Ausflug verbinden mit dem Eugensplatz und der Uhlandshöhe.

Der **Kriegsbergturm** (353 m) im Stuttgarter Norden wurde 1894/95 von Baurat Weigle für den Verschönerungsverein Stuttgart erbaut. Heute ist er geschlossen. Die Aussicht auf die Innenstadt ist leider durch die hoch gewachsenen Bäume ziemlich verdeckt, zumindest im Sommer. Trotzdem ist die kleine Parkanlage ein netter Fleck. Man erreicht ihn, wenn man mit der Buslinie 43 zur Haltestelle Am Kriegsbergturm fährt. Dann folgt man der dort abgehenden gleichnamigen Straße. Eine schönere Aussicht in ungefähr der gleichen Gegend bietet sich, wenn man ab der Hermann-Lenz-Höhe (siehe dort) der Birkenwaldstraße folgt.

Die **Silberburganlage/Karlshöhe** (343 m) am Reinsburghügel wurde 1961 für die Bundesgartenschau neu hergerichtet. Es gibt bei dem Park einen kleinen Weinberg, eine Cafeteria, eine Aussichtsplattform und Kinderspielplätze. Beim Aufstieg von Norden her kann man nach Norden zur Johanneskirche sehen; von der Plattform aus reicht der Blick vor allem nach Süden und wird begrenzt von den dahinter liegenden Höhenzügen mit Frauenkopf- und Fernsehturm. Leider ist die Aussicht mittlerweile ziemlich zugewachsen.

Man erreicht die Anlage, wenn man mit der S-Bahn zur Haltestelle Feuersee fährt und dann die Senefelderstraße bis zur Reinsburgstraße hochgeht. Etwas nach rechts versetzt führen Stufen in den Park. Man kann die steileren Treppen oder den längeren, aber gemütlicheren Aufstieg auf dem geschwungenen Weg nehmen. Entweder geht man auf demselben Weg wieder zurück, oder man folgt dem nach links (Nordosten) führenden Weg, der uns sanft bergab zur Kreuzung Silberburgstraße/Marienstraße bringt. Nach links kommt man wieder zur Haltestelle Feuersee, geradeaus in das Stadtzentrum zur Königstraße. Dieser Ausflug kann verbunden werden mit dem Spaziergang zum Birkenkopf (siehe oben).

Der **Aussichtsturm auf dem Burgholzhof** in der Auerbachstraße wurde 1891 vom Verschönerungsverein Cannstatt durch Stadtbaumeister Keppler in Form eines römischen Turms erbaut. Der Verein Pro Alt-Cannstatt hat ihn 1987/88 saniert und der Öffentlichkeit wieder zugänglich gemacht. Im Sommer wird er am Wochenende durch Vereine bewirtschaftet. Auskunft unter Telefon (07 11) 2 16-85 48.

Man erreicht den Burgholzhof, indem man mit der U 5 oder U 6 bis zum Pragsattel fährt. Dann überquert man den Pragsattel, hält sich bei der Landespolizeidirektion links und folgt immer der Beschilderung zum Robert-Bosch-Krankenhaus. Zuerst steigt man auf Treppen durch die Weinberge, zweimal nach links versetzt, hoch bis zur dritten Querstraße, wo es vor einer Schutzhütte nicht weitergeht. Von hier aus hat man einen schönen Blick zum

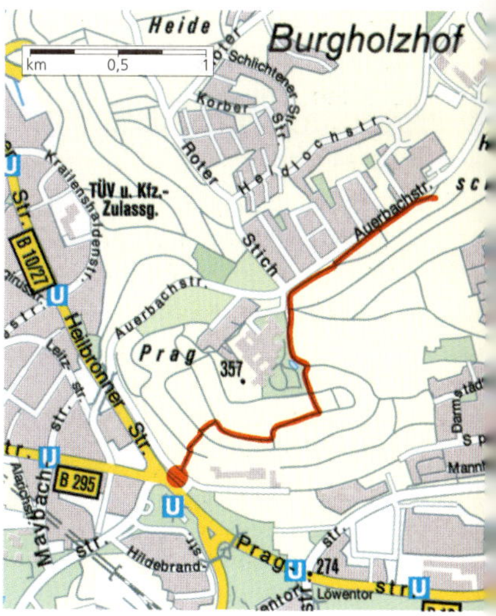

Killesberg und über Feuerbach, am besten morgens, wenn die Sonne im Osten steht. Nun hält man sich rechts. An einem Querweg, wo es nicht weitergeht, sehen wir rechts den großen Gedenkstein zur Rebflurbereinigung; hier biegen wir links ab. Der Blick reicht nun weit nach Osten; von dort haben wir die schönste Aussicht nachmittags, wenn die Sonne von West nach Ost scheint. Der Weg zieht gleich nach rechts. Bevor er wieder fällt, biegen wir nach links ab. Vorbei am Robert-Bosch-Krankenhaus spazieren wir bis zur Auerbachstraße; hier halten wir uns rechts. Kurz darauf sind wir am Aussichtsturm.

Das kleine Teehaus im Park der Villa **Weißenburg** in der Hohenheimer Straße wurde 1913 im Jugendstil von dem Architekten Heinrich Henes im Auftrag des Industriellen und Antikenforschers Ernst von Sieglin errichtet. Von der Aussichtsplattform hat man einen schönen Blick über Stuttgart. Man erreicht den Park, wenn man mit den Stadtbahnlinien U 5, U 6 oder U 7 bis zur Haltestelle Bopser fährt. Oberhalb der Haltestelle beginnt der Park.

Der Park bei der Villa Weißenburg bietet sich für eine Rast an.

Aussichtspunkte zwischen Wein und Reben

Vom Rotenberg zur Katharinenlinde

Rotenberg – Kappelberg – Kernenturm – Katharinenlinde – Rotenberg

Diese Tour zählt sicher zu den schönsten Erlebnissen, die man als Wanderer im Nahbereich der Landeshauptstadt Stuttgart haben kann. Und das nicht nur wegen der verschiedenen Aussichtspunkte, die sich aneinander reihen wie Perlen auf einer Kette. Auch die prächtige Landschaft, gemäß dem früheren Stadtslogan »zwischen Wald und Reben«, sucht ihresgleichen. Besonders empfehlenswert ist die Wanderung im Herbst, wenn das Weinlaub in allen Farben zu glühen scheint. Man sollte allerdings früh am Vormittag kommen, denn an schönen Tagen sind die Parkplätze in Rotenberg schnell belegt. Eine umwelt- und nervenschonende Alternative ist die Anreise mit der S-Bahn und dem Bus.

- **Ausgangspunkt:** Stuttgart-Rotenberg.

- **Wegverlauf:**

Wir parken auf dem Wanderparkplatz am Ende der Stettener Straße bei der *Egelseer Heide.* Dann spazieren wir in Richtung Wald und biegen davor in den mit rotem Punkt markierten Weg ab. Es geht kurz durch den Wald, dann über eine freie Fläche bis zum nächsten Wald. Hier wandern wir ohne Markierung geradeaus bis zu einer Kreuzung, wo wir uns mit dem Zeichen roter Strich links halten in Richtung »Kappelberg«. An der Verzweigung nach dem Spiel- und Trimm-dich-Platz orientieren wir uns rechts und kommen kurz danach auf die kleine Hochfläche des *Kappelbergs.*

Blick vom Rotenberg nach Uhlbach

Der **Kappelberg** (469 m), ein sich rund 150 Meter über dem Tal erhebender Höhenrücken, liegt in einem Landschaftsschutzgebiet, ist der äußerste nordwestliche Vorposten des Schurwalds und Fellbachs Hausberg. Am Grill- und Spielplatz, besser jedoch etwas später, wenn man dem schmalen Pfad folgt, hat man eine wunderbare Sicht auf den Rotenberg mit seiner Grabkapelle. Auf dem weiteren Weg, bei dem Gedenkstein für die ehemalige Kapelle, sieht man hinab nach Fellbach, zur Buocher Höhe und ins Unterland.

Der Kappelberg ist ein altes Siedlungsgebiet. Hier ließen sich in der Mittleren Steinzeit vor 10 000 bis 5500 Jahren vielleicht Jäger nieder und hier befand sich eine

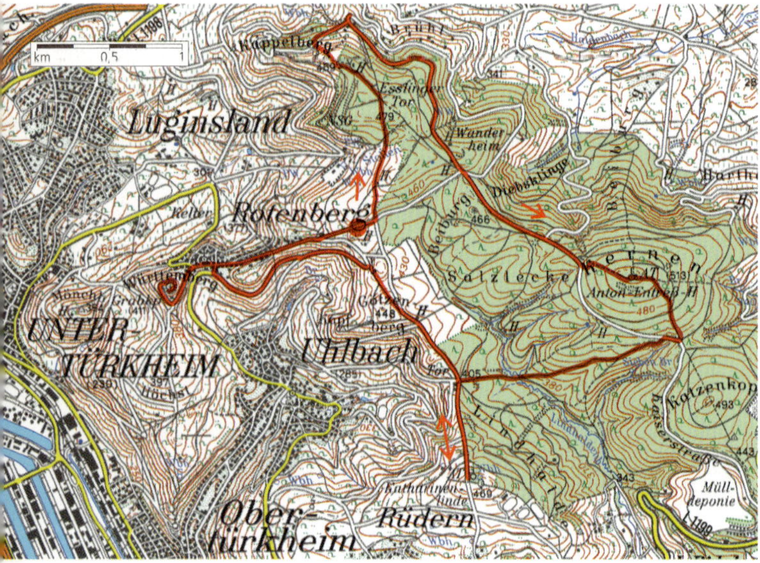

Fliehburg, die mit einer in der Nähe gelegenen Höhensiedlung aus der Bronzezeit verbunden war. Sie war durch Wälle, Gräben und Palisadenzäune gesichert. Jedenfalls lassen die Funde und Erdwälle aus der Mittleren Stein-, der Bronze- und der Urnenfelderzeit auf ein reiches vorgeschichtliches Leben schließen. Auch ein Bild des Gottes Mithras und Scherbenreste wurden in den Weinbergen der Umgebung gefunden, das heißt, auch die Römer waren hier. Man nimmt an, dass hier ein römischer Wachposten saß. Den Namen hat der Berg von einer kleinen Kapelle, deren Ursprünge rund 2000 Jahre zurückreichen, also in die Römerzeit. Sie befand sich aber nicht am Gipfel, sondern etwas unterhalb beim heutigen Gasthof »Waldschlössle«. An sie erinnern auf einem Gedenkstein die Worte: »Hier stand eine Wallfahrtskapelle, die dem Berg seinen Namen gab. Nach der Reformation verlor sie ihre religiöse Funktion und wurde bis zu ihrem Abriss 1826 von Waldschützen bewohnt.« Die römische Kapelle wurde bereits zerstört, als die Alamannen 259/60 den Limes überrannten. 1968 hat man hier die Grundmauern und Ruinen einer einstigen Burg der Grafen von Württemberg freigelegt.

Interessant ist die als »Steppenheide« bezeichnete, Trockenheit liebende Flora auf dem Berg. Zwei Hektar stehen unter Naturschutz und mitsamt der Umgebung sind 2072 Hektar als Landschaftsschutzgebiet ausgewiesen. Der heute von Weinreben und Wald bewachsene Berg war früher kahl und es gab

Auf dem Kappelberg über Fellbach kann man mit Aussicht rasten.

nur heideartige Vegetation, so dass in der Mitte des 19. Jahrhunderts geschrieben wurde: »... es nehme sich unwirtschaftlich aus, wenn ein ... fernhin sichtbarer, kahler, schroffer Bergvorsprung unbestockt bleibe.« Auf dem Berg gibt es einen Lehrpfad mit zehn interessanten Tafeln, die über Natur und Geschichte des Berges informieren.

Nach dem aussichtsreichen »Gipfel« kommen wir zu einem querenden Asphaltweg, dem wir nach rechts folgen. Erst eben, dann etwas fallend, bringt er uns zu einem Parkplatz mit dem *Gedenkstein* für die ehemalige, namensgebende Kapelle. Wir genießen die wunderbare Sicht auf Fellbach und aufs Unterland. Hier biegen wir mit dem roten Strich nach rechts in Richtung »Kernenturm« ab.

Mitten im Wald: der Kernenturm

Mit leichtem Auf und Ab folgen wir dem Weg durch den Wald. Schließlich zweigt der markierte Weg am Waldabteilungsschild »Abt. 4 Diebsklinge« nach links, dann gleich wieder nach rechts ab. Nach einem letzten Schlussanstieg auf dem schmalen, aber asphaltierten Weg stehen wir vor dem *Kernenturm*.

Nachdem die Ortsgruppe Stuttgart des Schwäbischen Albvereins die Erstellung des **Kernenturms** (513 m) in Angriff genommen hatte, bewilligte sie einen Grundstock von 100 Mark. Durch freiwillige Spenden kamen 66 Mark dazu. Wie üblich wurde auch König Wilhelm II. von dem Vorhaben, auf dem »Kernenbuckel« einen Turm zu errichten, in Kenntnis gesetzt. Von ihm kam die folgende Antwort: »Seine Majestät der König haben mit lebhaftem Interesse von dem Plan Kenntnis genommen und in Bethätigung des Antheils, den seine Majestät an dem Zustandekommen des schönen Projekts nehmen, einen Beitrag von 150 Mark dazu aus der Oberhofkasse allergnädigst zu verwilligen geruht.«

Der 27 Meter hohe Kernenturm wurde nach nur viermonatiger Bauzeit am 7. Oktober 1896 in Anwesenheit von tausend Besuchern eingeweiht, wobei der Fellbacher Schultes Fritz dafür sorgte, dass jeder Festgast »durch ein Glas kühlen Weins erfrischt« wurde. Das Fest verlief recht munter weiter.

Der Besuch war gleich nach der Eröffnung sehr stark und es wurde wohl so viel Unfug getrieben, dass sich der Schwäbische Albverein veranlasst sah, an Sonn- und Feiertagen von Nichtmitgliedern zehn Pfennig Eintrittsgeld zu erheben. Wohl durch Unfug wurde auch die daneben stehende Holzhütte stark beschädigt (es wurden Steine vom Turm auf deren Dach geworfen); man errichtete einen massiven Steinbau, der 1930 eingeweiht wurde. Er wurde nach dem Stuttgarter Albvereins-Obmann Anton-Entress-Hütte genannt. Nach dem Kernen, der die höchste Stelle des Schurwaldes markiert, wurde 1975 der Ort Kernen im Remstal mit den Teilorten Stetten und Rommelshausen benannt – obwohl der Turm auf Fellbacher Markung steht.

Die Aussicht ist etwas zugewachsen, man sieht aber Fellbach, die Buocher Höhe, das Waldmeer des Schurwaldes und in der Ferne das Unterland und die Höhen der Schwäbischen Alb, bei Föhn sogar den Katzenbuckel im Odenwald. Der Turm ist unverschlossen. Der Kiosk ist täglich von zehn Uhr bis zur Dämmerung geöffnet. Es gibt einen Grillplatz.

Nach der Turmbesteigung behalten wir unsere Richtung bei. Wo kurz danach der Georg-Fahrbach-Weg, ebenfalls mit dem roten Strich markiert, nach links abgeht, bleiben wir rechts auf dem asphaltierten Weg. Es geht steil hinab, wir überqueren einen Weg und gehen weiter steil bergab zum nächsten Querweg. Hier halten wir uns mit dem blauen Strich rechts und biegen gleich danach an der Schutzhütte mit den Wanderzeichen blauer und roter Strich nach links in den Stettener Weg ab. Etwas später zweigt der Blaustrichweg links ab. Wir wandern aber geradeaus weiter, etwas abwärts zum Lindhaldenbach. Wir überqueren ihn und steigen dahinter etwas an zum *Uhlbacher Tor* (Sieben Linden). Unser Weiterweg führt zwar mit dem roten Strich nach rechts am Waldrand entlang, erst gehen wir aber nach links steil hinauf zum *Aussichtsturm Katharinenlinde.*

Der 1957 vom Schwäbischen Albverein in Stahlbetonweise erbaute **Katharinenlindenturm** (469 m) ist 17 Meter hoch. Davor stand hier eine Schutzhütte mit einem zehn Meter hohen Holzturm. Man hat einen schönen Blick auf das Neckartal mit den Orten Münster, Bad Cannstatt, Untertürkheim, Esslingen, auf die Filder, den Schönbuch, den Stromberg und zur Schwäbischen Alb. Neben dem Turm finden sich eine Gaststätte und ein Kinderspielplatz.

Es geht dann zurück, vorbei am Gasthaus bei den Sieben Linden und weiter in Richtung »Rotenberg«. Nach dem Wald haben wir links schöne Blicke hinab nach Uhlbach und über das Neckartal auf die Höhen der Filder. Etwas später kommen wir an einem Backsteinhäuschen vorbei. Kurz nach ihm gehen wir links hinaus zum *Kapf*.

Der Name **Kapf** sagt schon, was uns erwartet, denn »kapfen« kommt von »Ausschau halten«. Man sieht direkt hinab nach Uhlbach und hinüber zur nahen Kapelle auf dem Rotenberg. Auf dem Bergvorsprung gibt es Bänke und Tische zum Rasten.

Wir umrunden den Kapf und kommen zurück zu dem Weg, von dem wir abgezweigt sind. Es geht weiter nach links; an der folgenden Verzweigung nehmen wir den linken Weg. Etwas später folgt ein weiteres Backsteinhäuschen. Kurz danach stehen wir vor der *Egelseer Heide,* einem beliebten Naherholungsgebiet. Davor halten wir uns links. Wer gleich zurück möchte, folgt dem querenden Karl-Münchinger-Weg nach rechts, der ihn direkt zum Parkplatz bringt. Ansonsten biegen wir links ab. Der Weg beschreibt gleich eine Rechtskurve. Unterhalb der Häuser von *Rotenberg* marschieren wir durch die Weinberge, bis uns der Weg wieder zu den Häusern führt. Jetzt orientieren wir uns links und spazieren zur *Grabkapelle* auf dem Rotenberg, die wir schon lange gesehen haben. Anschließend geht es auf der Stettener Straße zurück zum Ausgangspunkt.

Eines der beliebtesten Ausflugsziele Stuttgarts ist der bis ins 19. Jahrhundert Wirtenberg genannte **Württemberg** (411 m) mit seiner Grabkapelle, die auch schon »schwäbisches Tadsch Mahal« genannt wurde. Hier stand bis 1819 die Stammburg der Württemberger, erbaut im 11. Jahrhundert von Konrad von Beutelsbach. Die Reste der Burg wurden auf Befehl des zweiten württembergischen Königs, Wilhelm I., 1819 abgetragen.

Das Ziel der vielen Ausflügler ist außer der schönen Aussicht auf das Neckartal, die Filder und die Weinberge in der Nähe die Grabkapelle auf dem Berg, die vom aus Florenz stammenden Hofbaumeister Giovanni Salucci (1769–1845) im Auftrag des Königs erbaut wurde. Sie nahm die plötzlich verstorbene Königin Katharina Pawlowna (1788 bis 1819), eine russische Großfürstin und Schwester Zar Alexanders I., auf. Sie hatte 1816 in Sankt Petersburg den damaligen württembergischen Kronprinzen geheiratet und sich in der Hungersnot 1816/17 beim Volk durch ihre Wohltätigkeit sehr beliebt gemacht. Mit erst 30 Jahren starb Königin Katharina am 9. Januar 1819 überraschend an den Folgen einer Erkältung. In der Kapelle ruhen auch ihr 1864 verstorbener Mann und die erste Tochter der beiden, die 1887 gestorbene Prinzessin Marie. Bei der Sanierung der Kapelle in den Jahren 2001/02 wurden auch die historischen Sichtachsen in alle Himmelsrichtungen wieder freigelegt.

Die Grabkapelle auf dem Württemberg

- **Länge:**
  Etwa 13 Kilometer.

- **Zeit:**
  Etwa 4 Stunden.

- **Höhenunterschied:**
  Etwa 470 Meter.

- **Karte:**
  Freizeitkarte 520, Stuttgart, Landesvermessungsamt Baden-Württemberg; amtlicher Stadtplan der Stadt Stuttgart.

- **Einkehrmöglichkeiten:**
  Kappelberg, Sieben Linden, Rotenberg.

- **Grillmöglichkeiten:**
  Kernenturm, Egelseer Heide.

- **Sonstiges:**
  Die Wanderung verläuft auf Naturpfaden und festen Wegen. Grundsätzlich sind die Parkplätze in und um den Ort Rotenberg an schönen Wochenendtagen überfüllt, wenn man nicht rechtzeitig kommt. Besser ist es, mit dem Bus anzureisen.

- **Für Eilige:**
  Kappelberg und Kernenturm erreicht man in kurzer Zeit vom Parkplatz unterhalb des Kappelbergs aus. Wer den Rotenberg besuchen will, macht dies vom gleichnamigen Ort aus. Direkt an der zur Grabkapelle führenden Straße kann man parken, allerdings ist der Parkraum knapp, vor allem an Wochenenden mit schönem Wetter.

- **Zum Nachlesen:**
  Dieter Buck: Fundort Geschichte. Cadolzburg 2003. – Dieter Buck, Harald Schukraft: Stuttgarter Grenz-Wanderungen. Tübingen 2003.

Fachwerkhäuser und Weinberge

Über den Korber Kopf nach Winnenden

Waiblingen – Korber Kopf – Hanweiler – Winnenden

Diese Wanderung bringt uns zuerst durch die Fachwerkherrlichkeit Waiblingens, wo man so manche Spitzwegidylle entdecken kann. Dann geht es weiter nach Korb und durch die Weinberge mit ihren zigtausend Trollingerreben steil hinauf zum Korber Kopf (456 m). Er bietet uns einen schönen Blick ins Remstal, besonders eindrucksvoll im Herbst, wenn das Weinlaub leuchtet. Durch Wald und ein Wiesentälchen spazieren wir nach Winnenden, wo man ebenfalls ein sehenswertes Stadtbild findet.

- **Ausgangspunkt:**
  Waiblingen.

- **Wegverlauf:**
  Wir starten in *Waiblingen* am Bahnhof. Wenn wir ihn in Richtung Stadt verlassen, halten wir uns rechts, überqueren gleich eine Straße und spazieren dann die Bahnhofstraße hinab bis zu dem großen Gebäude der Kreissparkasse am Alten Postplatz. Bis hierher kann man auch mit dem Bus fahren. Nun biegen wir links ab, der Beschilderung zur »Altstadt« folgend. Man sollte sich die zahlreichen Fachwerkhäuser, die verwinkelten Gassen, die so manchen reizvollen Durchblick ermöglichen, und die vielen Details an den Häusern – erwähnt seien nur die so genannten »Neidköpfe« – genauer ansehen. Wir nehmen erst die Lange Straße, dann die nach rechts abzweigende Kurze Straße, die uns zu dem modernen Bau am *Marktdreieck* bringt.

  Rechts an diesem Gebäude vorbei kommen wir zum Alten Rathaus mit seinen Arkaden. Wir gehen auch daran vorbei; dahinter fällt die Kurze Straße wieder nach rechts ab. Kurz darauf folgen wir dem nach rechts weisenden Schild zum »Bädertörle«, das sich an einem Stück der Stadtmauer befindet. Hinter dem Tordurchgang

Die Weinberglandschaft bei Korb ist im Herbst besonders reizvoll.

bewegen wir uns in einer schönen Parklandschaft. Wir spazieren geradeaus weiter zum *Bürgerzentrum* und gehen rechts an ihm vorbei bis zur dahinter verlaufenden Winnender Straße. Hier halten wir uns kurz links, dann unterqueren wir diese Straße und gehen noch in der Unterführung nach links. Nach ihr orientieren wir uns rechts. Es geht nun kurz links der Straße An der Talaue weiter. Nach dem Parkplatz biegen wir mit dem Wanderzeichen rotes Kreuz nach links in die Henri-Dunant-Straße ein, halten uns gleich rechts, dann links in Richtung »Korber Kopf« und wandern an der kleinen Kapelle gleich darauf links vorbei in die Straße »Am Kätzenbach«. Gleich darauf zweigen wir nach rechts in den Holzweg ein. Nun steigt es etwas an. Auf der Höhe verlassen wir Waiblingen und marschieren über die freie Fläche nach *Korb*.

Hier halten wir uns vor den Häusern rechts, dann biegen wir nach links in die Steinstraße ein. Es geht bis zur Waiblinger Straße. Hier orientieren wir uns kurz rechts, dann aber gleich links bis zu einer Kreuzung. Hinter ihr steigen wir nach rechts in der J.-F.-Weishaar-Straße hinauf, zwischen Rathaus und Kirche hindurch. Nach der Kirche nehmen wir den nach links aufwärts ziehenden Weg, der uns zum Ortsrand bringt.

Gleich nach den Häusern müssen wir nach links die Weinberge auf Steinstufen steil hinaufsteigen. Wir überqueren einen Weg. Danach geht es noch einmal kurz auf Stufen hoch, bis wir am nächsten Querweg sind. Man hat sicher beim Aufstieg ab und zu verschnauft und den Rückblick auf Korb, das Remstal und die dahinter liegenden Höhen des Schurwaldes genossen. Nun halten wir uns links und umrunden den aussichtsreichen Kapf. Wanderzeichen sind hier, wie leider in Weinbergen üblich, kaum zu finden. Nach der »Umrundung« treffen wir vor einem Gesteinsaufschluss auf einen von rechts kommenden Weg; wir wählen aber den nach links führenden, etwas aufwärts ziehenden Weg. Er bringt uns zu einem Weingärtnerhäuschen, wo wir eine Tafel zum Thema »Weinbau in Korb« lesen können. Danach kommen wir in den Wald.

Wir nehmen den mittleren, etwas abwärts führenden Weg, nun auch mit dem Zeichen des Württembergischen Weinwanderwegs. An der nächsten Verzweigung halten wir uns rechts (am Baum rechts sehen wir das Waldabteilungsschild »2 Korber Kopf / 2 Mösnersrain«). Die erste Verzweigung zum Hanweiler Sattel ignorieren wir, an der zweiten biegen wir nach rechts ab. Erst wo der Wald aufhört, sehen wir das Wanderzeichen blauer Punkt. Nun geht es steil hinab nach *Hanweiler.* Nach der scharfen Kurve bei der evangelischen Kirche kommen wir zur Durchgangsstraße. Hier gehen wir auf der anderen Seite auf der Rieslingstraße hinab. Etwas später halten wir uns bei einem

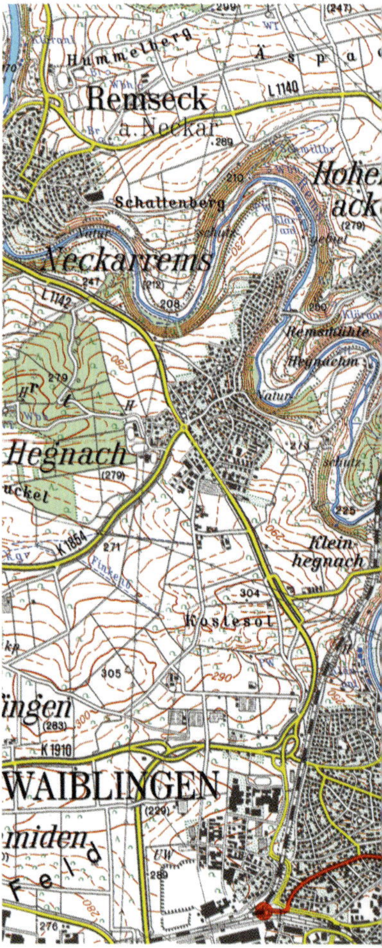

Querweg links, überqueren den *Zipfelbach* und biegen nach ihm links ab.

Wir spazieren nun durch die Bachaue in Richtung *Winnenden*. Wo es nach rechts zum Wunnebad geht, überqueren wir erst eine Straße, danach unterqueren wir nach rechts eine Straße. Wir halten uns nun an das Radwegschild nach »Leutenbach«. Es geht ein Stück am Bach entlang, bis nach links der Holunderweg abzweigt. Hier spazieren wir rechts über die Brücke in Richtung Krankenhaus (Wanderzeichen blauer Punkt). Wir

Blick vom Korber Kopf nach Nordwesten, Richtung Ludwigsburg

gehen links an der Schlosskirche vorbei bis zur Wendeplatte mit dem Baum vor dem Krankenhaus und biegen hier nach links in die Schlossstraße ein. Auf ihr gehen wir nun geradeaus bis zur Fußgängerzone in der Marktstraße, wo wir auf einen schönen Brunnen treffen. Wir halten uns links und spazieren durch den Schwaikheimer Torturm aus der Altstadt hinaus. Bald danach unterqueren wir die B 14 und gehen dahinter geradeaus in wenigen Minuten zum Bahnhof.

■ **Länge:**
Etwa 13 Kilometer.

■ **Zeit:**
Etwa 4 Stunden.

■ **Höhenunterschied:**
Etwa 200 Meter.

■ **Karte:**
Freizeitkarte 520, Stuttgart, Landesvermessungsamt Baden-Württemberg.

■ **Einkehrmöglichkeiten:**
Waiblingen, Korb, Winnenden.

■ **Sonstiges:**
Die Wanderung verläuft auf befestigten und Naturwegen. Bademöglichkeit im Wunnebad in Winnenden.

■ **Für Eilige:**
Den kürzesten Zugang hat man von Korb aus.

Zwei auf einen Streich

Messelberg und Tegelberg

1. Parkplatz Messelberg – Messelstein – Messelhof – Parkplatz Messelberg

2. Kuchalb – Maierhalde – Hohenstein – Tegelberg – Kuchalb

Dieser zweiteilige Vorschlag ist geeignet für Leute, die eher an einem bequem zu erreichenden Aussichtspunkt als an einer größeren Wanderung interessiert sind. Eine kurze Tour führt zum Messelstein. Danach kann man entweder zu Fuß oder mit dem Auto nach Donzdorf-Kuchalb gelangen und auf dem Tegelberg so viele Aussichtspunkte besuchen, wie man Lust hat.

- **Ausgangspunkt:**
  Parkplatz Messelberg.

- **Wegverlauf:**
  Von Donzdorf aus führt eine Straße hinauf zum *Messelberg*. Wo sie auf die Hochfläche kommt, liegt rechts ein Parkplatz. Von hier aus gehen wir etwas zurück in Richtung Donzdorf und biegen an dem *Holzhaus* (Hütte der Akademie Natur und Umwelt) nach rechts ab. Nun marschieren wir mit dem roten Dreieck auf dem Pfad nach Norden. Dabei sehen wir einige schön gestaltete Tafeln des für Kinder wie Erwachsene interessanten Waldlehrpfades. Unterwegs kommen wir an einer freien Stelle vorbei, die einen ersten herrlichen Blick ins Filstal bietet. Später erreichen wir ein von der Kolpingsfamilie errichtetes Betonkreuz, 50 Meter weiter den *Messelstein*.

Der markante **Messelstein** (749 m) steht 350 Meter hoch frei über dem Lautertal. 1951 fand man hier Scher-

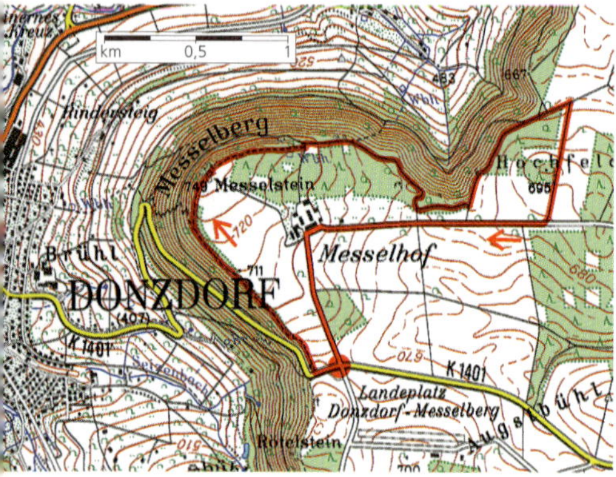

ben aus der Hallstattzeit. Man sieht auf das darunter liegende Donzdorf, dahinter Süßen, rechts davon ragen die Burg Staufeneck und das Schloss Ramsberg auf, dahinter fällt Göppingen ins Auge. Außerdem hat man einen prächtigen Blick zu den Kaiserbergen Hohenrechberg, Hohenstaufen und Stuifen.

»Alles in allem wird man sagen müssen: der Messelstein verdient den Rang eines der schönsten und großartigsten Aussichtsberge der Alb, dem Kalten Feld muss er aber den Vorzug lassen. Wer vom Kalten Feld kommt, mag ihn als entbehrlich weglassen; wer vom Messelberg herkommt, findet auf dem Kalten Feld noch wesentlich Neues.« So urteilte 1904 Otto Häcker in den Blättern des Schwäbischen Albvereins.

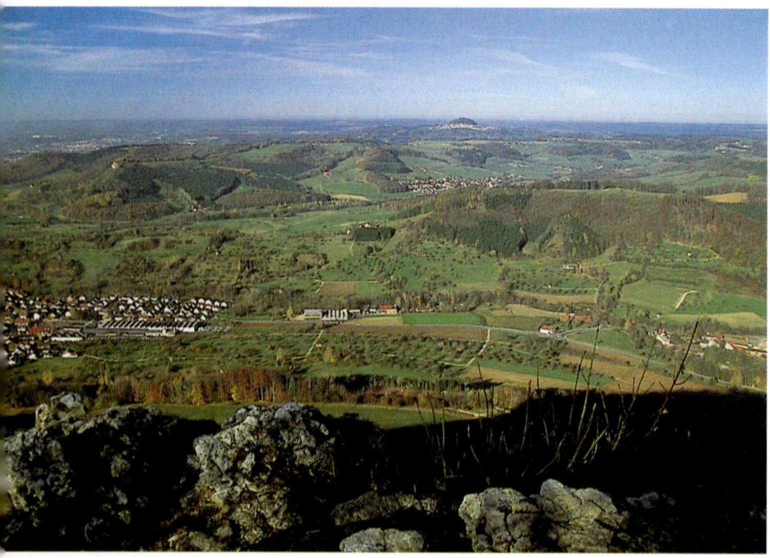

Vom Messelberg aus geht es steil hinab ins Tal der Lauter.

Winterblick zu den drei Kaiserbergen von der Maierhalde aus

Danach marschieren wir weiter auf dem Pfad, uns immer an den Wanderzeichen orientierend. Vor allem dort, wo der Weg rechts hinaus zu der freien Fläche führt, müssen wir aufpassen, denn der Wanderweg geht nach links im Wald weiter. Schließlich teilt sich der Weg; wir nehmen den rechten, der mit der roten Raute in Richtung »Schnittlingen« weiterführt. Wir verlassen den Wald und biegen gleich darauf ohne Zeichen in den nach rechts führenden Weg ein. Leicht ansteigend geht es hinauf, vorbei an einem Feldkreuz und bis vor einen Wald. Wir wandern nach rechts zum bereits sichtbaren *Messelhof* und dort links zurück zum *Parkplatz*.

Nun müssen wir uns entscheiden. Wir können entweder zu Fuß nach Kuchalb marschieren; dies sind einfach zweieinhalb Kilometer. Besser ist es sicher, wenn wir mit dem Auto dorthin fahren. Ist kein Flugbetrieb, können wir das direkt am Parkplatz abgehende Sträßchen nehmen; sonst fahren wir über Schnittlingen.

In *Kuchalb* gehen wir erst auf dem Sträßchen in Richtung Donzdorf. Nach dem letzten Anwesen geht es etwas abwärts, dann zweigt nach links der mit dem roten Dreieck markierte Weg zur »Maierhalde Hohenstein« ab. Gleich darauf stehen wir an dem mit einem Holzkreuz markierten Aussichtspunkt, der uns prächtige Blicke auf die Kaiserberge bietet. Die Burganlage direkt vor uns ist die Ruine Scharfenberg.

Wir folgen dem Zeichen weiter nach Westen bis zum 702 Meter hohen Aussichtsfelsen *Hohenstein,* der sich direkt über Gingen erhebt. Nun kann man dem mit der roten Raute markierten Pfad nach Süden folgen, solange man Lust hat. Er führt am Trauf des Tegelbergs entlang. Unterwegs kommt man am *Klepperfelsen* und am Aussichtspunkt *Kuhfelsen* (679 m) vorbei. Nun geht man bis zu einer Hütte direkt über Geislingen; danach kehrt man auf demselben Weg zurück.

■ **Länge:**

Messelberg: etwa 7 Kilometer; Tegelberg: je nachdem.

■ **Zeit:**

Messelberg: etwa 2 Stunden; Tegelberg: je nachdem.

■ **Höhenunterschied:**

Messelberg: etwa 270 Meter; Tegelberg: je nachdem; im Wesentlichen geht es aber ohne große Höhenunterschiede weiter.

■ **Karte:**

Freizeitkarte 521, Göppingen, Landesvermessungsamt Baden-Württemberg.

■ **Einkehrmöglichkeit:**

Kuchalb.

■ **Sonstiges:**

Die Wanderung verläuft auf Naturpfaden und festen Wegen.

■ **Für Eilige:**

Zum Messelberg geht man vom Parkplatz aus erst zum Messelhof und vor ihm links (etwa 1 ½ Kilometer einfach). Vom Weiler Kuchalb aus erreicht man in wenigen Minuten den Aussichtspunkt Maierhalde mit dem Kreuz.

Zwei Aussichtstürme auf der Ostalb

Volkmarsbergturm und Aalbäumle

Essingen – Volkmarsberg – Aalbäumle – Essingen

Diese Wanderung führt auf die Ostalb. Bei Aalen gibt es zwei Aussichtstürme, die weite Blicke über die Alb, zum Schwäbischen Wald und ins Fränkische bieten. Schön ist auch die Wacholderheide auf dem Volkmarsberg mit den mächtigen alten Weidbuchen.

- **Ausgangspunkt:**
  Essingen.

- **Wegverlauf:**
  Wir parken in der Nähe der *Kirche* und gehen mit dem Zeichen blauer Dreiblock (»Volkmarsberg«) hinter dem Gotteshaus vorbei an der Wirtschaft und der Bushaltestelle zur Bohnengasse; hier biegen wir rechts ab. Der Weg, zeitweise recht schmal, steigt nun an. Vorbei an der Mauer wandern wir hoch, bis es an einer Querstraße nicht mehr weitergeht. Hier halten wir uns links, dann gleich wieder rechts, nun den Ort verlassend. Direkt oberhalb des *Schützenhauses* biegen wir rechts ab zum Waldrand, gehen dort etwa 200 Meter nach rechts bis zur Waldecke und links in den Wald.

Dem Zeichen folgend wandern wir auf schmalem Pfad am rechten Waldrand entlang bis zu einer winzigen Wacholderheide. Diese überqueren wir (nicht dem Weg nach rechts folgen) und steigen dahinter nach der Wiese im Wald wieder an bis zu einem Parkplatz, wo es nach links in den Ort beziehungsweise nach Teußenberg geht.

Hier biegen wir rechts ab (Weg Nr. 15, später Zeichen roter Dreiblock). Wo der Weg auf der Höhe nach rechts zieht, behalten wir unsere Richtung bei und gehen wieder hinab in das breite Tal der Hohlgasse. Links sehen wir über dem Wald den Volkmarsbergturm. Am Asphaltweg orientieren wir uns links; etwas später, am Waldrand, gehen wir mit dem Zeichen rote Raute auf dem zweiten Weg von

Vom Volkmarsbergturm aus hat man eine großartige Fernsicht.

rechts hinauf. Er zieht nach links und mündet in einen Forstweg, dem wir, nun eben, in gleicher Richtung folgen. Kurz nach einer Linkskurve geht es rechts wieder hinauf bis zu einem breiten Forstweg. Wir überqueren ihn, wandern auf dem Pfad geradeaus bis zum nächsten Forstweg und spazieren auf diesem in wenigen Minuten bis zur mächtigen *Mutterbuche*. Links liegt die Kuppe, die den *Volkmarsbergturm* trägt. An der Mutterbuche gehen wir auf dem Fahrweg nach links zu ihm hinauf.

Über den **Volkmarsbergturm** (743 m) schrieb 1900 Pfarrer Dr. Engel in dem Buch »Unsere Schwäbische Alb«: »*Ein anderer Ausflug von Aalen geht auf den südöstlich von der Stadt gelegenen Langert, einen mächtigen, bewaldeten Weißjurastock, auf dessen höchster Höhe ein vom Albverein erstellter Aussichtsturm steht. Wer damit nicht genug und noch weitere Thaten auszuführen Lust hat, der gehe zum Volkmarsberg hinüber, der, noch ein beträchtliches höher, von einem ebenfalls seit kurzem hier errichteten Turm aus eine großzügige Rundschau gewährt.*«

Bis 1912 stand auf dem Volkmarsberg ein zur Aussichtsplattform umgebautes Vermessungsgerüst. Dann wurde 1930 der 23 Meter hohe Betonturm auf einer etwa 40 Meter über die umliegenden Albhöhen emporragenden Kuppe erbaut. Von 1939 bis 1960 war er vom Militär in Beschlag genommen, erst vom deutschen, nach dem Krieg vom amerikanischen. Seine Wiedereinweihung fand 1960 nach einer Renovierung in Gegenwart des Altministerpräsidenten Reinhold Maier und des langjährigen Albvereinsvorsitzenden Georg Fahrbach statt. Die Gipfelkuppe auf der einst »Völkerberg« genannten Erhebung trägt eine schöne, als Naturschutzgebiet ausgewiesene Wacholderheide mit sehenswerten alten Wetterbuchen – die mächtigste ist wohl die Mutterbuche. Die Wacholderheide wird heute mühsam von Hand zurückgeschnitten.

Von diesem markanten Punkt hat man eine großartige Fernsicht über die benachbarten Berge zu den Höhen des Welzheimer Waldes, der Limpurger und der Ellwanger Berge. Hier im Norden liegt der Rücken des Langert, dahinter in der Ferne der Hohenberg, das Ellwanger Schloss und der Schönenberg mit der Wallfahrtskirche bei Ellwangen (19 km). Weiter sieht man in die Gegend von Crailsheim und zum Hesselberg. Im Süden liegen Königsbronn und Heidenheim. Bei guter Sicht sieht man auch über die breite Talfurche von Kocher und Brenz, die den Albuch vom Härtsfeld trennt, und über die dichten Wälder des Albuchs bis zu den Alpen mit Karwendel, Wetterstein, Lechtaler und Allgäuer Alpen mit Säuling (149 km), Nebelhorn (152 km), Hochvogel (159 km), Mädelegabel (166 km) und Widderstein (165 km), Bregenzer Wald, Schesaplana (190 km) und Säntis. Weitere markante Punkte sind Ulm (44 km), Neresheim (19 km), Hohe Brach (18 km), Burg Katzenstein (24 km) und in den Alpen die Zugspitze (165 km) und die Drei Schwestern (179 km).

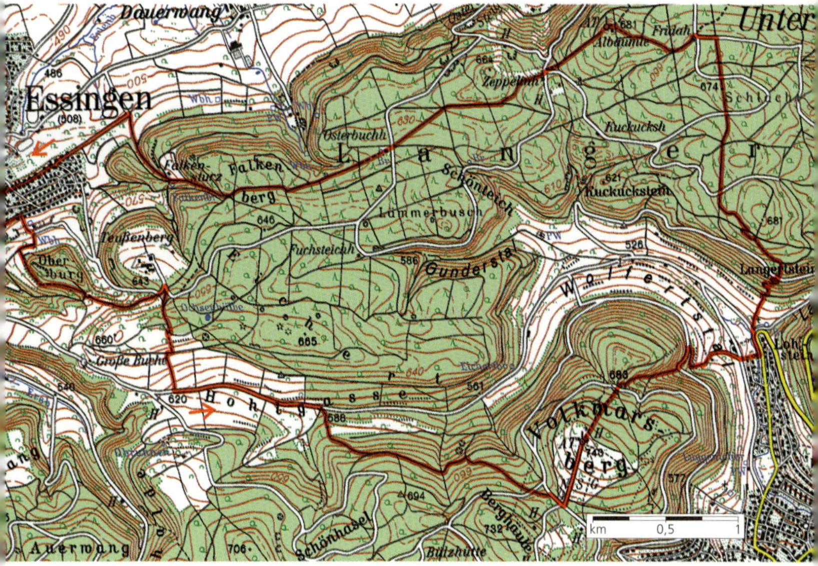

Der Aussichtsturm Aalbäumle

Beim Turm laden eine samstags ab der Mittagszeit und sonntags bewirtschaftete Hütte und eine Grillstelle ein. Die Öffnungszeiten des Turms sind dieselben wie die der Hütte. Zu anderen Zeiten kann der Schlüssel abgeholt werden bei Herrn Hahn, Telefon (0 73 64) 85 39.

Hinter dem Turm steigen wir wieder hinab. Rechts des großen Felsbrockens geht der mit rotem Dreieck markierte Weg in den Wald, wo er sich nach kurzem Bergab teilt. Wir halten uns rechts (roter Dreiblock, »Oberkochen«) und gehen weiter steil bergab. Einen Forstweg überquerend kommen wir zu einem weiteren, wo es geradeaus nicht mehr weitergeht. Hier orientieren wir uns kurz links bis zum Schild und wandern dann rechts hinab und aus dem Wald hinaus. Am ersten Haus gehen wir geradeaus weiter Richtung Straße, vor der wir am Parkplatz links abbiegen. Gleich darauf steigen wir links des Feldkreuzes (man sollte hier die Tafel »Karstquelle« lesen) hinauf zum Waldrand. Nun geht es überaus steil auf Pfadspuren – wir achten dabei gut auf die zahlreichen Wanderzeichen rote Raute – zum *Langertstein.*

Hinter ihm überqueren wir einen Forstweg und gehen kurz geradeaus weiter bis zu einem unbefestigten Weg. Wir orientieren uns links und folgen den Zeichen, bis wir nach einem Rechtsknick auf einen Forstweg stoßen. Ihn überqueren wir und marschieren nun, mehrere Wege überquerend, eine ganze Zeit lang geradeaus. Kurz nachdem das Zeichen in das rote Dreieck gewechselt hat, treffen wir auf einen Schotterweg. Wir gehen links zur Fridahütte, hinter der wir dem Zeichen zum »Aalbäumle« folgen. Der Weg zieht bald etwas nach rechts und bringt uns hinauf zum *Aussichtsturm Aalbäumle* (702 m), einer 1992 erbauten Holz-Stahl-Konstruktion, dem dritten Turm an diesem Punkt. Die 26 Meter hohe Konstruktion stützt sich auf vier mächtige Douglasienstämme.

Am Turm gehen wir mit dem Zeichen nun kurz auf dem Geologischen Wanderweg nach links hinab, bis links und rechts Wege abgehen. Hier wandern wir mit dem roten

Dreiblock geradeaus Richtung »Teußenberg«.

Nach der *Zeppelinhütte* steigt es etwas an. Wir kommen zur *Osterbuchhütte,* wo es manchmal Wasser gibt. Wir gehen mit dem Zeichen weiter geradeaus, bis nach rechts der mit rotem Winkel markierte Weg zum »*Falkensturz*« abgeht. Es lohnt sich, zu diesem Aussichtspunkt zu gehen, der einen schönen Blick auf Essingen und das Rosensteinmassiv bietet.

Zurückgekehrt zum Forstweg haben wir zwei Möglichkeiten: Wenn wir weiter dem Zeichen folgen, kommen wir zu dem bekannten Parkplatz vor *Teußenberg.* Hier können wir entweder auf dem Fahrsträßchen nach rechts in den Ort hinabspazieren oder auf dem Herweg zurückwandern. Wir können auch den unscheinbaren Pfad nehmen, der links von dem zum Falkensturz führenden Weg hinabgeht. Wir bleiben rechts des Einschnitts. Nach ein paar Minuten kommen wir auf eine Lichtung mit einer Hütte. Nun geht es auf einem besseren Weg weiter hinab, nochmals kurz durch einen Wald, den wir dann verlassen. Auf dem Weg, den wir in den Wiesen treffen, gehen wir nach links zurück nach *Essingen.*

- **Länge:**
  Etwa 16 Kilometer.

- **Zeit:**
  Etwa 5 Stunden.

- **Höhenunterschied:**
  Etwa 550 Meter.

- **Karte:**
  Freizeitkarte 522, Aalen, Landesvermessungsamt Baden-Württemberg.

- **Einkehrmöglichkeiten:**
  Albvereinshütte am Volkmarsberg, Essingen.

- **Grillmöglichkeit:**
  Volkmarsberg, Aalbäumle.

- **Sonstiges:**
  Die Wanderung verläuft meist auf Naturpfaden; steiler Aufstieg zum Langertstein.

- **Für Eilige:**
  Der kürzeste Weg zum Volkmarsbergturm beginnt in Oberkochen. Man fährt südlich der Kirche auf der von der Durchgangsstraße nach Westen abzweigenden Dreißentalstraße in Richtung »Volkmarsberg Wanderparkplatz« (Zeichen roter Dreiblock). Nach kurzem Anstieg biegen wir links in die Volkmarsbergstraße, die uns zu einem Parkplatz bringt. Ab hier marschiert man mit dem Zeichen rote Raute in einer halben Stunde (Höhenunterschied: etwa 180 m) zum Volkmarsberg. An der Skihütte geht's rechts, dann auf dem Grasweg hoch zum Aussichtsturm. Zurück spaziert man auf dem Asphaltweg bis zur mächtigen, mehrstämmigen Mutterbuche und biegt hier nach links ab.

Burgruine und Aussicht

Vom Tal hinauf zum Hohenneuffen

Neuffen – Balzholz – Hohenneuffen – Schillingskreuz – Neuffen

Diese Wanderung führt hoch zur mächtigsten Burgruine der Schwäbischen Alb. Der Ausgangsort Neuffen weist einige schöne Gebäude auf. Vor allem aber hat man immer wieder eine wundervolle Aussicht ins Tal und ins Albvorland. Zum Hohenneuffen selbst sieht man vielleicht am schönsten vom Wilhelmsfelsen aus. Interessant sind auch der Geologische Lehrpfad und der Astro-Lehrpfad, die man unterwegs berührt.

- **Ausgangspunkt:**
Neuffen.

- **Wegverlauf:**
Wir verlassen *Neuffen* in nördlicher Richtung und spazieren entlang der nach Frickenhausen führenden Stuttgarter Straße. Wenn wir Glück haben, sehen wir am Bahnhof die alten Wägen und die Lokomotive des nostalgischen »Sofazügles« der Tälesbahn. Am Ortsende nach der Auchtertstraße beziehungsweise den letzten Häusern folgen wir dem Radwegschild »Beuren« nach rechts über die Schienen. Nach einem Rechtsknick sind wir in *Balzholz*. An der querenden Oberweiler Straße halten wir uns rechts und spazieren zur Durchgangsstraße. Ihr folgen wir nach rechts (Radwegschild »Neuffen«).

Vor dem Fachwerkhaus biegen wir links in die Schlossgasse ein. Wo sie nach den Häusern nach links zieht, steigen wir geradeaus weiter hoch zum Waldrand und dort mit dem blauen Dreieck weiter geradeaus steil aufwärts. Bei einem Querweg geht es etwas nach links versetzt weiter rechts hinauf. Dem nächsten Querweg folgen wir nach links bis zu einem weiteren Forstweg. Wir überqueren ihn, halten uns gleich darauf rechts und an der Verzweigung links. So kommen wir hoch zum Zugangsweg, der über den schmalen Grat nach rechts zur *Ruine Hohenneuffen* führt.

Blick zum Hohenneuffen

Die **Ruine Hohenneuffen** (743 m) liegt auf einem Bergsporn, der mit dem Albmassiv nur durch einen schmalen Sattel verbunden ist.

»Obgleich kein voll entwickelter Vorberg, sondern mehr ein stark vortretender Erker der Hochebene, ist er doch der auffallendste und weithin am sichersten erkennbare Albberg. Und nicht bloß die auffal-

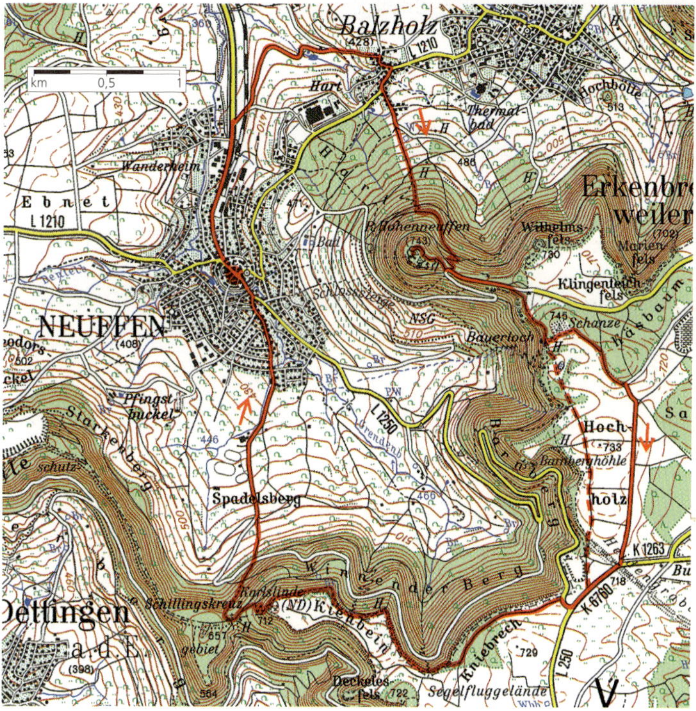

Vom Hohenneuffen schaut man ins Tal auf Neuffen, dahinter erheben sich Hörnle und Jusi; links im Hintergrund die Achalm.

lendste, sondern auch die schönste Berggestalt ist's. Denn von den vielen schöngeformten Kegelbergen der Alb trägt keiner einen so eigenartigen Kopfschmuck, wie diese dem Fels scheinbar natürlich entwachsene Mauerkrone. ... Es ist ein guter Beweis für den Formenreichtum der Gegend, daß die Aussicht vom Gipfel des Hohenneuffen selbst, wo ja der Hauptschmuck der Landschaft im Bilde fehlt, doch in hohem Grad befriedigt. Der anschauliche Gegensatz zwischen den beiden Hälften des Rundbilds, der üppig fruchtbaren Tiefebene und der rauheren Hochebene, und der jähe, formbewegte Übergang zwischen beiden Landschaftsteilen ist fesselnd, und malerisch ist der Blick gegen Westen auf den schöngeschwungenen Neuffener Grat, der noch die Achalm freilässt und einige hübsch geformte Vorkegel (Florian, Grafenberg) weit ins Unterland hinausschiebt.« So schrieb Otto Häcker 1905 in den Blättern des Schwäbischen Albvereins.

Die Burgruine ist »das älteste Denkmal deutscher geschichtlicher Größe«, wie 1903 Julius Wais zitierte, als man noch glaubte, dass die Anfänge des Baues auf den Ostgotenkönig Theoderich (Dietrich von Bern) zurückgingen. Wie dem auch sei, die Festung ist wirklich eindrucksvoll. Man sollte nicht nur die phantastische Aussicht genießen, sondern auch die Tafel mit der

Geschichte zur Kenntnis nehmen. Erzählt wird, dass der staufische Kaiser Friedrich II. 1235 die Burg eroberte, weil die Herren von Neuffen auf der Seite des abtrünnigen Kaisersohnes Heinrich standen. Von 1301 bis 1801 war die Burg eine der stärksten württembergischen Festungen. Ab 1543 wurde sie von dem grausamen und streitsüchtigen Herzog Ulrich zu einer so genannten Landesfestung ausgebaut. Von der heutigen Ruine stammen nur die Ringmauern aus dem Mittelalter, die das Erscheinungsbild bestimmenden runden Geschütztürme aber aus dem 16. Jahrhundert. Vom 15. bis zum 18. Jahrhundert diente die Burg auch als Staatsgefängnis. Als letztes wichtiges Großereignis ist die Dreiländerkonferenz 1948 anzuführen, in der die Ministerpräsidenten der drei südwestdeutschen Nachkriegsländer die Weichen für den Zusammenschluss zu einem einheitlichen Südweststaat stellten.

Anschließend wandern wir bis zum Parkplatz. Wer möchte, kann hier nach links einen Abstecher zum *Wilhelmsfelsen* machen, von dem aus man den vielleicht schönsten Blick zur Ruine hat. Ansonsten biegen wir am Parkplatz rechts ab; das rote Dreieck weist uns nach »Hülben«. Wir wandern auf einem schmalen Pfad bis zu einer Wiese, wo wir die Tafel 11 des Astro-Pfades sehen. Wer gerne auf dem Pfad weitergeht, behält hier die Richtung bei und erreicht nach etwa einer Dreiviertelstunde die Straße. Anderenfalls hält man sich an der Wiese mit den Grillgelegenheiten links. Kurz

Unterhalb der Ruine Hohenneuffen wächst der »Täleswein«.

darauf gehen wir auf einem festen Weg rechts am Waldrand entlang weiter. Nach dem links liegenden Wald und vor dem nächsten Waldstück nehmen wir in der Mitte den rechts abzweigenden Weg. Er führt uns an weiteren Tafeln des Astro-Pfades vorbei ebenfalls zur Landstraße.

An der Landstraße halten wir uns in beiden Fällen rechts, überqueren die nach Neuffen führende Straße und gehen nach dem Parkplatz auf dem mit dem roten Dreieck markierten Weg weiter durch das Waldstück mit dem wenig Vertrauen erweckenden Namen »Kniebrech«. Der Pfad führt immer am Trauf entlang, vorbei an einer Schutzhütte, bis zu einer Verzweigung, wo es nach rechts steil hinab zum Schillingskreuz geht. Hier steht links oben die *Karlslinde,* von der aus man einen Blick ins Ermstal werfen kann. Wir steigen in Serpentinen hinab, halten uns an den beiden Forstwegen, auf die wir treffen, links und kommen zu einer Hütte mit Grillgelegenheit. Wir biegen rechts ab und gleich darauf am *Schillingskreuz* noch einmal.

Das jetzige **Schillingskreuz** wurde einer alten Abbildung aus Stein nachgebildet und 1904 aufgestellt. Es erinnert an ein Unglück: 1341 starb hier ein Herr von Schilling auf dem Heimtransport nach Neuffen, nachdem er bei der Bärenjagd im so genannten Schillingsloch bei Hohenwittlingen verunglückt war.

Nun geht es steil bergab. Wir überqueren mehrere Forstwege und gehen nach dem Wald mit Blick auf die Ruine zurück in den Ort.

Länge:
Etwa 13 Kilometer.

Zeit:
Etwa 4 Stunden.

Höhenunterschied:
Etwa 370 Meter.

Karte:
Freizeitkarte 524, Bad Urach, Landesvermessungsamt Baden-Württemberg.

Einkehrmöglichkeiten:
Neuffen, Hohenneuffen, Burrenhof.

Grillmöglichkeit:
Schillingskreuz, nach dem Hohenneuffen.

Sonstiges:
Die Wanderung verläuft auf Naturpfaden und festen Wegen. Fahrplan des »Sofazügles« im Internet unter www.ges-ev.de/Zuege/NNFahrtage.html

Für Eilige:
Vom Parkplatz vor der Ruine ist man in wenigen Minuten zum Wilhelmsfels oder hoch zur Burgruine marschiert. Die Ruine ist ein prächtiges Ziel für burgenbegeisterte Kinder.

Zur Wiege des Albvereins

Der Aussichtsturm auf der Teck

Bissingen – Teck – Sattelbogen – Bissingen

Die Burg Teck liegt am Nordrand der Schwäbischen Alb und bietet einen der schönsten Blicke über den Albtrauf und ins Vorland. Ihr Aussichtsturm war Anlass zur Gründung des Schwäbischen Albvereins. Die hier vorgeschlagene Tour ist zwar nicht allzu lang, hat aber trotzdem einen ansehnlichen Höhenunterschied aufzuweisen. Wegen der interessanten Burg, des Sibyllenlochs und der Möglichkeit, den Segelflugzeugen und den Modellfliegern (vor allem beim Parkplatz Bölle) zuzusehen beziehungsweise selbst auf dem Hörnle oder dem Hohenbol Drachen steigen zu lassen, ist sie ein vorzügliches Ausflugsziel für Kinder.

- **Ausgangspunkt:**
  Bissingen an der Teck.

- **Wegverlauf:**
  Wir parken im Zentrum von *Bissingen,* zum Beispiel bei der Kirche und dem ehemaligen Rathaus. Dann gehen wir etwas nach Süden bis zum *Brunnen,* wo wir rechts in die Brunnenstraße einbiegen. Das Wanderzeichen blaues Dreieck führt uns geradeaus aus dem Ort. Danach wandern wir durch Baumwiesen bis zu einem querenden Weg. Ab hier steigen wir auf einem Pfad vorbei an herrlichen alten Bäu-

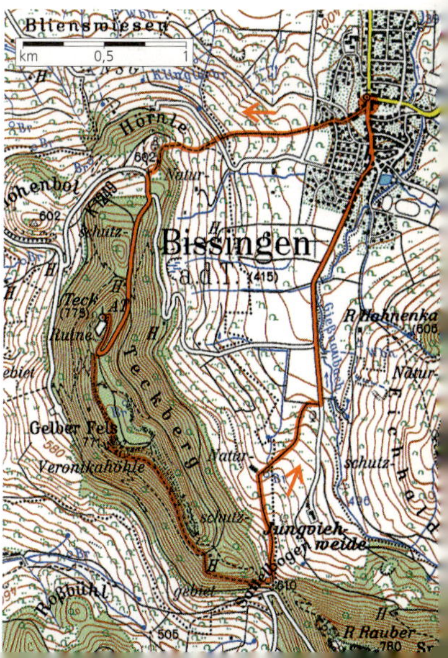

Das Hörnle ist ein beliebter Aussichtspunkt.

men in wenigen Minuten hinauf zum *Hörnle*.

Wir gehen über den Parkplatz und nehmen den mit einer Schranke versperrten, nach Süden in den Wald ziehenden breiten Weg. Er steigt kurz danach kräftig an; das Zeichen rotes Dreieck sehen wir erst später. Schließlich sind wir oben am Kamm, wo wir später nach links weitergehen. Vorerst halten wir uns aber rechts und steigen hinauf zur *Burg Teck*.

»Die Teck, oder richtiger der Teckberg mit der **Ruine Teck**, *ist als eine der hervorragendsten Zierden der Schwäbischen Alb längst erkannt, und ihr Ruhm ist noch gewachsen, seit die zerfallene Burg wieder einen Ersatz gefunden hat in dem bis ins fernste Unterland sichtbaren Aussichtsturm. Dabei zeichnet sich der Berg vor allen anderen Albbergen durch seine proteusartige Vielgestaltigkeit aus. Jeder Schwabe kennt die Teck, aber jeder hat wieder ein anderes Erinnerungsbild von ihr, je nach der Lage seines Heimatorts: dem Einen ist sie eine schlanke, hochragende Kuppe mit dem Turm in der Mitte, dem Andern eine wellig ins Unterland geschwungene Nase mit schief wie ein Nasenklemmer aufgesetzten Türmchen, dann wieder ein langer Waldrücken oder ein breit gelagerter Doppelgipfel. Auch als Aussichtsturm besitzt die Teck einen fest begründeten Ruf.«* So beschrieb Otto Häcker 1905 die Teck in den Blättern des Schwäbischen Albvereins.

Schon der Name der **Burg Teck** (775 m) spricht für die Lage, denn

Teck kommt vom keltischen Wort tec (= schön) oder von »weit vorspringender Bergecke« (d' Eck). In dem Bergmassiv gibt es sechs Vulkanschlote und im Umkreis von nur sechs Kilometern findet man dreißig weitere Schlote. Die Burg Teck wurde 1152 erstmals urkundlich erwähnt. 1736 wollte sie Herzog Karl Alexander zur Landesfestung ausbauen, was jedoch sein früher Tod vereitelte. 1741 bestanden hier eine herzogliche Molkerei und eine Zuchtstation der »Teckrasse«.

Der erste Aussichtsturm wurde 1889 erbaut und war eigentlich der Auslöser für die Gründung des Schwäbischen Albvereins, da seinem Erbauer, dem Verschönerungsverein Kirchheim, das Geld ausging und er sich Hilfe suchend an die anderen Verschönerungsvereine auf der Alb wandte. Dabei schlug der Esslinger Arzt Valentin Salzmann eine »gemeinschaftliche Beratung«, auch in Sachen »Wegweiser, Bänke, Schutzhütten« vor. Dies führte zur Gründung des Schwäbischen Albvereines, der Ende 1888 von 13 Verschönerungsvereinen aus der Taufe gehoben wurde.

1889 wurden eine Schutzhütte, ein Aussichtsturm und die Mörikehalle erbaut. Der heutige, 28 Meter hohe Turm stammt von 1955. Die ganze Burganlage gehört seit 1941 dem Schwäbischen Albverein, der sie zum Wanderheim und zur Gaststätte ausbaute.

Der Aussichtsturm bietet einen weiten Blick auf das Lenninger Tal, ins Albvorland und über die Schwäbische Alb. Besonders schön ist der Blick entlang des Albtraufs. Markante Punkte sind Hohenstaufen (25 km), Jubiläumsturm (14 km), Rotenberg (26 km), Katharinenlinde (24 km), Fernsehturm (28 km), Kernen (25 km), Heuchelberger Warte (65 km), Wurmlinger Kapelle (38 km), Hohenneuffen (7 km), Achalm (20 km), Sternberg (23 km), Hohenzollern (48 km), Roßberg (31 km), Römerstein (10 km), Reußenstein (8 km), in den Alpen

Aussichtsturm auf der Burg Teck

Auch vom Hof der Burg Teck öffnet sich ein atemberaubendes Panorama.

Säntis (149 km) und Schesaplana (171 km).

Umgeben ist die Teck von einem 386 Hektar großen Naturschutzgebiet.

Die Herzöge von Teck sind übrigens mit dem englischen Königshaus verwandt, denn sowohl das Geschlecht der englischen Königin wie auch das von Prinz Philipp geht zurück auf Uta von Wertheim, Tochter des Herzogs Friedrich von Teck († 1390). Seit Carl Alexander (1684–1739) sind auch die württembergischen Herzöge mit den einstigen Herzögen von Teck und somit mit dem englischen Königshaus verwandt. Dem 1837 geborenen unehelichen Sohn von Herzog Alexander, Franz, wurde 1871 vom württembergischen König der Rang eines Herzogs von Teck verliehen. Er heiratete eine Enkelin des britischen Königs George IV. und die Tochter der beiden, Mary, wurde die Ehefrau des Königs George V. (1910–1936).

Man sollte auf jeden Fall den Turm besteigen, denn die Aussicht vom Hof aus ist ziemlich zugewachsen. Geöffnet ist täglich außer dienstags (Ruhetag der Gaststätte).

Anschließend nehmen wir gleich nach dem Burgeingang den links abzweigenden Weg zum Sibyllenloch. Es geht auf Stufen hinunter zu der mächtigen Höhle, die direkt unterhalb der Burganlage liegt.

In der **Sibyllenhöhle** fand man rund 2000 Skelettreste von Höhlenlöwen und Höhlenbären. Bekannt ist auch die **Sibyllenspur,** eine mehrere hundert Meter lange Spur, die aussieht, als wäre sie durch Wagenräder entstanden. Sie ist etwa ab Pfingsten bis zur Getreideernte im Korn und in den Wiesen zu sehen, denn in dieser Spur ist die Erde besonders fruchtbar. Sie wurde 1823 von Gustav Schwab in seinem Buch »Die Neckarseite der Schwäbischen Alb« erstmals erwähnt. Ihr Name geht auf eine Sage über Sibylle von der Teck zurück. Sie sei reich, mächtig und hilfsbereit gewesen, habe aber böse Söhne gehabt, die auf den Burgen Rauber, Diepoldsburg und Wielandstein ihr Unwesen trieben. Aus Ärger über diese sei sie eines Abends mit einem riesigen feurigen Wagen verschwunden, der von großen Katzen gezogen wurde. Als letzte gute Tat hat Sibylle aber die fruchtbaren Spuren in den Feldern hinterlassen.

In Wirklichkeit handelt es sich um Reste einer römischen Grenzbefestigung, nämlich des Lautertal-Limes, der um 85 n. Chr. errichtet wurde und das Kastell Köngen mit dem Kastell Donnstetten beziehungsweise den Neckar- mit dem Alblimes verbunden hat. Eine Ausgrabung des Landesdenkmalamts 1982 ergab, dass die Sibyllenspur aus drei parallelen Gräben unter-

Blühende Kirschbäume im Tal der Lenninger Lauter vor der Teck

schiedlicher Art und Tiefe besteht. Dem Feindesland zu war eine Palisadenwand verankert. Als die Römer ihre Reichsgrenze um 150 n. Chr. in Richtung Lorch vorverlagerten, wurde der Lautertal-Limes aufgegeben. Offensichtlich schütteten die ordnungsliebenden Besatzer die Gräben damals mit lockerer Erde zu.

Dem Pfad weiterfolgend kommen wir kurz danach durch den Burggraben und stoßen anschließend auf den Anstiegsweg. Auf ihm gehen wir rechts hinab und dort, wo wir von links hochgekommen sind, geradeaus weiter (rotes Dreieck in Richtung »Sattelbogen«).

Wir halten uns bald rechts und kommen an prächtigen Aussichtsfelsen vorbei, darunter dem wegen seiner Farbe so genannten *Gelben Fels* (771 m). Kurz darauf stoßen wir auf eine Holzhütte, an der wir uns rechts halten. Später wandern wir am rechten Hang entlang hinab bis zum *Sattelbogen* (610 m), wo wir uns links halten. Wer möchte, beispielsweise Wanderer mit Kindern, kann nun nach rechts aufsteigen zur Ruine Rauber, muss aber wieder hierher zurückkehren.

Jetzt nehmen wir den mit dem blauen Dreieck markierten Weg, der am Hang entlang hinabführt. Nun haben wir einen schönen Blick auf den rechts liegenden Hang mit dem Naturschutzgebiet Eichhalde und dem darüber sichtbaren Breitenstein. Vorbei an mächtigen alten Bäumen kommen wir zu einer großen *Feldscheune,* wo der Weg rechts hinuntergeht. Im Tal biegen wir nach links ab und spazieren zurück nach *Bissingen.*

Länge:
Etwa 8 Kilometer.

Zeit:
Etwa 3 Stunden.

Höhenunterschied:
Etwa 470 Meter.

Karte:
Freizeitkarte 524, Bad Urach, Landesvermessungsamt Baden-Württemberg.

Einkehrmöglichkeit:
Bissingen, Burg Teck.

Grillmöglichkeit:
Sattelbogen, Parkplatz Hörnle.

Sonstiges:
Die Wanderung verläuft auf Naturpfaden und festen Wegen. Unterhalb der Burg hat man am Hohenbol und am Hörnle ein prächtiges Gelände, um Drachen steigen zu lassen.

Für Eilige:
Man fährt zum Parkplatz Hörnle. Vom Hörnle aus hat man bereits einen herrlichen Blick. Zur Burg Teck benötigt man von hier aus etwa zwanzig Minuten, zurück etwas weniger.

Vom Aussichtsturm zu markanten Felsen

Der Römersteinturm bei Donnstetten

Donnstetten – Römersteinturm – Donnstetten

Diese Wanderung führt uns zum aussichtsreichen Römersteinturm. Da sie nicht allzu lang ist, können auch Kinder mitmarschieren – und zur Belohnung gibt es anschließend eine rasante Fahrt mit der Sommerrodelbahn!

- **Ausgangspunkt:**
  Römerstein-Donnstetten.

- **Wegverlauf:**
  Wir parken westlich der B 465 beim Skilift beziehungsweise bei der *Sommerrodelbahn.* Wer recht früh mit der Tour beginnt, startet am besten am Parkplatz nach dem Turm (es ist der zweite nach Donnstetten in Richtung Böhringen). Dann ist man sicher, dass auf dem Rückweg der Turm auf jeden Fall geöffnet ist. So kann man sich auf den Aussichtsturm als krönenden Abschluss der Tour freuen.

  Wir gehen links vom Gebäude der *Bobbahn* mit dem roten Dreiblock in Richtung »Römerstein« den Hang hinauf. Auf der Höhe wandern wir kurz am Wald entlang bis zu einer Wiese, wo wir nach links in den Wald verwiesen werden. Nach wenigen Minuten, kurz vor der großen Scheune, halten wir uns rechts und kommen hinauf zum *Römersteinturm.*

Zum Bau eines Turms auf dem **Römerstein** (874 m), der höchsten Kuppe der Mittleren Alb, setzte der Schwäbische Albverein bereits in den Jahren 1890 und 1892 kleinere Beträge zur Bildung eines Grundstocks in seinen Haushalt ein. 1892 wurde vom Staat ein Vermessungsgerüst erbaut, das der Verein 1898/99 kaufte, nachdem es seinen Zweck erfüllt hatte. Da es baufällig war, wurde es bereits 1904 wie-

Der Römersteinturm ist ein beliebtes Ausflugs- und Aussichtsziel.

der verkauft. 1912 wurde dann ein 28 Meter hoher Turm als verschalte Holzkonstruktion auf einem massiven Sockelgeschoss errichtet.

Am Fuße der Bergkuppe sieht man das tief eingeschnittene Donntal, aus dem die Lenninger Lauter ins Albvorland zwischen Baßgeige mit dem Brucker Fels und dem Gelben Fels bei der Teck eintritt. Außer der Teck sieht man als markante Punkte Hohenneuffen, Reußenstein, Erkenberg und Boßler. Weitere markante Punkte sind Fernsehturm (38 km), Hohenstaufen (29 km), Stuifen (33 km), Volkmarsberg (50 km), Bussen (39 km), im Schwarzwald Feldberg (140 km), Schliffkopf (98 km), Mehliskopf (99 km) und in den Alpen Sulzkogel (185 km), Didams-

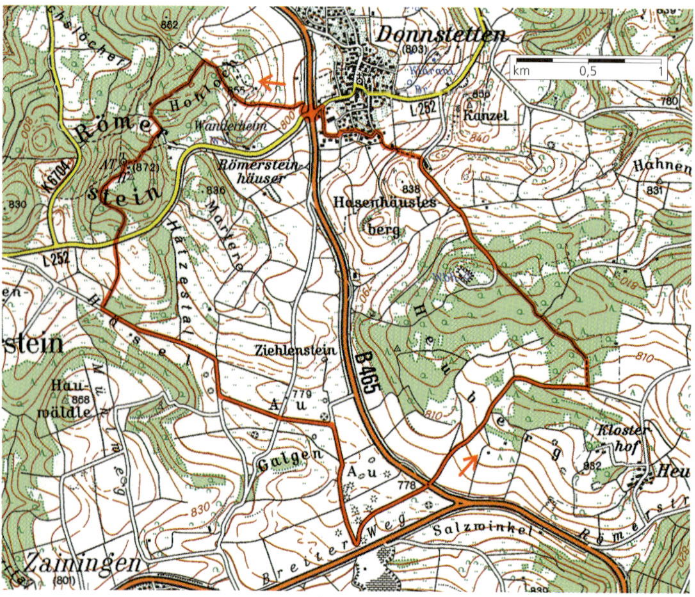

kopf (140 km), Pfänder (112 km) und Säntis (140 km). Ein Grillplatz ist vorhanden. Der Turm ist ganzjährig sonntags, bei schönem Wetter auch samstags geöffnet. Sonst kann man den Schlüssel holen bei Klaus Ruß, Lindenstraße 6, oder bei Karl Schuler, Bergstraße 4, 72587 Römerstein-Donnstetten, Telefon (0 73 82) 13 75 beziehungsweise (0 73 82) 93 98-0.

Wir folgen beim *Turm* dem Wanderzeichen gelber Dreiblock in Richtung »Zainingen« über die lang gestreckte Lichtung nach Südwesten. Im Wald an einer Verzweigung halten wir uns links und kommen hinab zu einem Parkplatz an der *Landstraße*, hinter der wir bis zu einem querenden Asphaltweg gehen. Dort orientieren wir uns links. Der Weg knickt bald nach rechts ab, kurz danach biegen wir mit dem Radwegschild links ab. Wir überqueren einen Weg und kommen zu einer Doline links des Weges. Hier halten wir uns rechts und marschieren bis zur Straße mit dem dahinter liegenden Steinbruch. Hier biegen wir scharf nach links ab, gehen praktisch wieder zurück.

Im Zwickel, den die beiden Wege bilden, liegen alte Hügelgräber. Außerdem sieht man Dolinen im Anfangsstadium. Der Weg zieht nach rechts; wir überqueren die B 465 und wandern dahinter hoch zu den Waldstücken. Unser Weg knickt rechts ab und es geht

Auf dem Rand des Vulkanmaars vor Donnstetten

etwas bergab. Schließlich wandern wir vor dem letzten Waldstück nach links auf die dreieckige Lichtung. An ihrem spitzen Ende am Waldrand nehmen wir an der Verzweigung den linken Weg und marschieren mit dem Wanderzeichen gelbes Dreieck durch den Wald. Wir müssen nur aufpassen, dass wir das Zeichen nicht verlieren, denn einmal macht der Weg einen Rechts-links-Knick.

Nach dem Wald geht es auf asphaltiertem Weg bis zu einem Hof. Vor ihm führt der Asphaltweg nach rechts, unser Wanderweg aber als Wiesenweg etwas links hinab nach *Donnstetten*. Vorher sollten wir nach links auf den kleinen Hügel hinaufgehen. Hier findet man

Blick vom Römersteinturm auf die Albhochfläche

schöne Felsformationen. Außerdem hat man einen prächtigen Blick auf den Ort, zu dem wir anschließend hinabwandern.

Donnstetten (803 m) liegt in einem Vulkanmaar, was an dieser Stelle der Wanderung gut zu erkennen ist, steigt man doch nun von einer Seitenwand rechts steil hinab zum Ort. Die Römer errichteten hier ein Kastell namens Clarenna. Das Heimatmuseum ist von April bis Oktober sonntags von 13 bis 17 Uhr geöffnet.

Wir halten uns bei den ersten Häusern nach links in die Steimerstraße und biegen an ihrem Ende nach rechts in die Eichenriedstraße ab. Kurz darauf können wir nach links hinaus zur *Bobbahn* gehen.

- **Länge:**
  Etwa 12 Kilometer.

- **Zeit:**
  Etwa 3 bis 4 Stunden.

- **Höhenunterschied:**
  Etwa 550 Meter.

- **Karte:**
  Freizeitkarte 524, Bad Urach, Landesvermessungsamt Baden-Württemberg.

- **Einkehrmöglichkeit:**
  Donnstetten.

- **Grillmöglichkeit:**
  Römersteinturm.

- **Sonstiges:**
  Die Wanderung verläuft auf Naturpfaden und festen Wegen.

- **Für Eilige:**
  Vom Parkplatz nach dem Turm ist es nur etwa einen Kilometer bis zum Aussichtsturm.

Blick nach Reutlingen und ins zerfurchte Tal

Vom Mädlesfels zum Eckfelsen

Übersberg – Unterhausen – Holzelfingen – Stahleck – Übersberg

In der Nähe des Ausgangspunktes liegt der Mädlesfels, der einen prächtigen Blick nach Reutlingen und zur Achalm bietet. Auf dem Weiterweg spazieren wir durch die schöne Wiesen- und Heidelandschaft des Imenbergs, bei der wir die zerklüftete Tallandschaft des Zellertals bei Unterhausen sehen können. Und später kommen wir noch an einigen weiteren herrlichen Aussichtsfelsen am Trauf vorbei.

- **Ausgangspunkt:**
  Pfullingen-Übersberg.

- **Wegverlauf:**
  In *Pfullingen* ist der Weg nach »Übersberg« bereits angeschrieben. Man staunt, wie lange die Fahrt hoch zum Hof noch ist. Unterwegs kann man bereits die Aussicht zur Achalm und an der Elisenhütte über das Zellertal auf die gegenüberliegenden Höhen genießen.

  Beim *Übersberger Hof* finden wir einen großen Wanderparkplatz. Hier kann man hinter dem Stallgebäude in wenigen Minuten zum *Mädlesfels* spazieren.

Der Name **Mädlesfels** (774 m) kommt wie auch bei anderen ähnlichen Namen, die es zum Beispiel als Flurnamen noch gibt, vielleicht von »mähen, Mahd«, wurde aber von des Schwäbischen unkundigen Schreibern als »Mädle, Mädchen« gedeutet. Einer Sage nach soll hier ein von einem Jäger verfolgtes Mädchen in die Tiefe gesprungen sein. Während sie von einer Fee sicher ins Tal gebracht wurde, sprang der ihr nachsetzende Jäger in den Tod. Man

Der Wanderweg am Imenberg

hat eine herrliche Aussicht auf Eningen, die Achalm und die Albkette.

Dann gehen wir auf dem Sträßchen, auf dem wir hochgekommen sind, etwas bergab. Wo es gleich darauf eine Rechtskurve beschreibt, steht links ein Stein mit der Inschrift: »Den edlen Stiftern des Elisenweges Herrn Ernst Laiblin und Frau Elise Laiblin geb. Sigel aus Dankbarkeit gewidmet von der Stadt Pfullingen 1897.« Hier wandern wir mit dem Zeichen blaues Dreieck geradeaus auf dem Fußweg weiter hinab. Schließlich treffen wir wieder auf die Straße, überqueren den Sattel und biegen dahinter in den Imenbergweg ein.

Nach einer Linkskurve zweigen wir am Schild Naturschutzgebiet nach links ab auf einen schmalen Pfad. Nun marschieren wir über die Wiesen des *Imenbergs,* von denen wir eine weite Aussicht auf die gegenüberliegenden Höhen und hinaus in Richtung Echaztal/Unterhausen beziehungsweise zu den Bergzügen im Hintergrund haben. Nach einiger Zeit kommen wir zum *Imenberger Sättele* (660 m), von wo aus wir auch zur »Unterhose« sehen können. An der Kreuzung nehmen wir den Weg nach »Unterhausen«, der gleich nach links als Pfad vom breiten Weg abzweigt. Nun gehen wir durch den Wald bergab bis zu den ersten Häusern von *Unterhausen.*

Hier wandern wir links abwärts; nach dem *Wasserbehälter* treffen wir auf einen querenden Weg, in den wir nach links abbiegen. Wir kommen durch Baumwiesen, dann stoßen wir wieder auf Häuser. Wir ignorieren die nach rechts abgehende Rilkestraße und spazieren links an den Häusern entlang bis zu einer querenden Straße an der *Schillerlinde.* Auf der anderen Seite zweigt etwas nach rechts versetzt der mit dem Zeichen blauer Dreiblock markierte Wanderweg ab. Diesem Zeichen folgen wir immer. Es geht erst mäßig ansteigend in den Wald, schließlich wird es steiler. Nach einem Rechtsknick kommen wir zur Landstraße, die uns links nach *Holzelfingen* bringt.

Wir biegen an der ersten Straße links ab und gehen bis zu einer Verzweigung bei den letzten Häusern. Hier halten wir uns mit dem roten

Dreieck links. Gleich geht es noch einmal scharf links in den Wald. Nun wandern wir, dem Zeichen folgend, immer am Trauf entlang. Unterwegs kommen wir ein paar Mal an Felsen vorbei, die uns einen herrlichen Blick ins Zellertal, ins Echaztal mit Unterhausen, zum Urselhochberg und später am Eckfelsen (748 m) zum Imenberg bieten. Über den Urselhochberg schrieb Otto Häcker in den Blättern des Schwäbischen Albvereins 1905: *»Ein häßlicher Geselle ist dieser Urselberg mit seinen angenagten Wänden, und so breitspurig hat er sich zwischen die Achalm- und Lichtensteinlandschaft als Scheidewand hineingesetzt, daß ihn schon mancher weggewünscht haben wird.«*

Unterwegs kommen wir auch an der *Ruine Greifenstein* vorbei.

Die **Ruine Greifenstein** (760 m) besteht eigentlich aus zwei Burgen. Obergreifenstein ist noch von einem Graben umgeben, den man auf einer Brücke überquert. Man sieht noch die Ummauerung und Teile der Gebäudemauern. Die Reste von Untergreifenstein liegen etwas tiefer. Die Edlen von Greifenstein wurden 1187 erstmals erwähnt und waren vielleicht einst ein mächtiges Geschlecht, vielleicht aber auch berüchtigte Raubritter. Die Burg

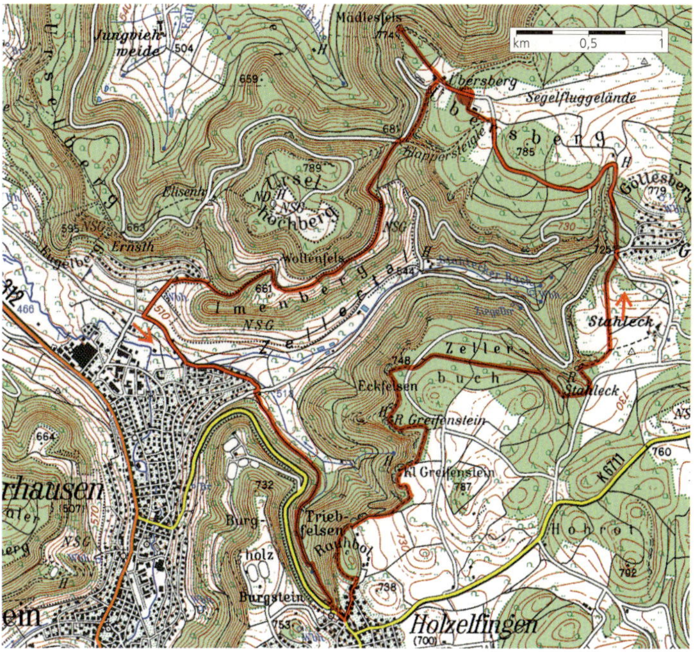

Herbstliches Echaztal und der Albtrauf mit dem Schönbergturm

wurde 1311 im Reichskrieg gegen Graf Eberhard I. von Württemberg von der Reichsstadt Reutlingen zerstört. 1355 wurde die Burg vom letzten des Geschlechts an Württemberg verkauft. Die Aussicht von der Ruine ist etwas zugewachsen.

Nach dem *Eckfelsen* knickt der Weg rechts ab, wir überqueren einen breiten Forstweg und halten uns am nächsten Weg kurz dahinter links. Auf ihm spazieren wir einige Minuten, dann dürfen wir den nach links abzweigenden Wanderweg nicht verpassen. Als schmälerer Pfad führt er uns bergab. Wir überqueren einen Forstweg, gehen noch etwas abwärts und steigen dann nach links wieder etwas ab bis zu dem Platz, wo früher die *Ruine Stahleck* (711 m) stand. Von ihr sieht man allerdings nur noch Reste der Gräben; interessant ist aber auch der Grenzstein mit dem Abtsstab. Nun knickt unser Wanderweg nach rechts ab und bringt uns kurz darauf aus dem Wald.

Hier halten wir uns mit dem Wanderzeichen links; »Übersberg« ist bereits angeschrieben. Wir spazieren über die weiten Weideflächen des *Hofes Stahleck*. An einer Verzweigung halten wir uns links und kommen bald hinab zu einem Sträßchen. Rechts davon liegt die Siedlung *Göllesberg*. Hinter der Straße nehmen wir den Waldweg, der geradeaus hochführt. Bald treffen wir wieder auf das Sträßchen,

Vom Mädlesfels aus hat man einen herrlichen Blick.

auf dem wir aus dem Wald herauskommen. Noch vor dem Parkplatz werden wir nach links verwiesen. Unser Weg beschreibt einen leichten Bogen; danach verlassen wir den Wald und gehen rechts zum *Segelflugplatz,* dann nach links zu dem Gebäude. Dahinter halten wir uns erst rechts, dann links. In wenigen Minuten spazieren wir hinab nach *Übersberg*.

- **Länge:**
  Etwa 15 Kilometer.

- **Zeit:**
  Etwa 4 bis 5 Stunden.

- **Höhenunterschied:**
  Etwa 630 Meter.

- **Karte:**
  Freizeitkarte 524, Bad Urach, Landesvermessungsamt Baden-Württemberg.

- **Einkehrmöglichkeiten:**
  Übersberger Hof, Stahleck.

- **Grillmöglichkeit:**
  Ruine Greifenstein.

- **Sonstiges:**
  Die Wanderung verläuft meist auf Naturpfaden, ansonsten auf festen Wegen.

- **Für Eilige:**
  Von Hof Übersberg ist man in wenigen Minuten zum Mädlesfels spaziert.

Man nennt ihn auch »Die Unterhose«

Von Pfullingen zum Schönbergturm

Pfullingen – Wanne – Aussichtsturm – Wackerstein – Won – Nebelhöhle – Pfullingen

Sicherlich einer der originellsten Ausgucke im Land ist der Aussichtsturm auf dem Schönberg bei Pfullingen, der von dem Architekten Theodor Fischer errichtet wurde. Interessant ist die »Einbahnregelung« innerhalb des Turms beim Hinauf- und Hinabsteigen. Wir wandern weiter zu einem kreuzgekrönten Aussichtsfelsen und können anschließend die Nebelhöhle besuchen.

- **Ausgangspunkt:**
Pfullingen.

- **Wegverlauf:**
Wir fahren in *Pfullingen* in Richtung Lichtenstein und biegen vor dem Ortsende rechts ab in Richtung »Stadion, Sportplätze, Jahnhaus«. Hier gibt es genügend Parkplätze; alternativ könnte man den unten beschriebenen Parkplatz an der Wanne aufsuchen.

Nun folgen wir dem Wanderzeichen roter Strich. Wir gehen zwischen den Sportplätzen hindurch, kommen an einem schönen Spielplatz vorbei und sehen die Schilder des Lehrpfads »Heimische Gehölze«. Da die Wanderung nicht allzu lang ist, kann man sich mit dem Thema ein bisschen beschäftigen. Ansonsten wandern wir durch die Baumwiesen bergauf. Wir kommen an einem Parkplatz vorbei. Danach zieht der markierte Weg nach rechts in den Wald und bringt uns im Zickzack hinauf auf die Freifläche der *Wanne*.

Wer rechts zum Trauf geht, kommt zu einem Aussichtspunkt und einem Grillplatz. Der Weg führt nun quer über die Wiese, vorbei an einem Gedenkstein mit der Beschriftung: »Dem Vater der Bergfeste Fritz Boley (1866–1951) zum Gedächtnis / VFL Pfullingen

5. 8. 1951«. Nach der Wiese kommen wir zu einem Parkplatz, hinter dem es im Wald auf einem Pfad noch etwas ansteigt. Dann sind wir am *Aussichtsturm.*

»Die gefrorene Unterhose«

Der 28 Meter hohe **Schönbergturm** (793 m) steht am nördlichen Rand einer nahezu ebenen Berghalbinsel und ist wohl einer der eigenartigsten Türme im Land. Das in leuchtendem Weiß gestrichene Bauwerk wurde 1905/06 von Theodor Fischer (1862–1938) aus Sichtbeton als erstes Bauwerk seiner Art errichtet. Trotz seiner modernen und außergewöhnlichen Gestaltung wurde der Bau nach seiner Vollendung 1906 als »der Heimatliebe Bollwerk« gerühmt. Auch »Triumphbogen des Schönen« wurde er schon genannt. Und das »Centralblatt der Bauverwaltung« schrieb damals, der Turm habe den »höchsten Anspruch auf Eigenartigkeit«, was auch heute noch stimmt. Er besteht aus zwei engen Turmschäften für den Auf- und den Abstieg, die man mit jeweils 111 Treppenstufen bewältigt. Oben sind sie durch eine längliche, an den Schmalseiten abgerundete Aussichtskanzel verbunden. Weil der Turm an eine lange Herrenunterhose erinnert, die im Winter an der Wäscheleine steif gefroren ist, erhielt er schnell den Spitznamen »gefrorene Unterhose«.

Ursprünglich hatte der Schwäbische Albverein bereits 1894 die Idee eines Turmbaus an dieser Stelle. Geplant war eine auf einem Betonsockel sitzende Holzkonstruktion. Geldmangel verhinderte jedoch den Bau. Erst 1904 wurden die Mittel für den Bau genehmigt. Der Schwäbische Albverein wandte sich auf Empfehlung des maßgeblichen Mäzens, des Pfullinger Privatiers Louis Laiblin, der auch durch eine Tafel gewürdigt wird, an Theodor Fischer, der von 1901 bis 1908 in Stuttgart Professor für Architektur war. Fischer wurde schon als »Bin-

Auf dem Schönbergturm

deglied zur Moderne« bezeichnet, denn er benutzte noch die Formensprache des Historismus, entwickelte aber seinen eigenen, unverwechselbaren Stil. Sein Plan für einen Betonturm kam sogar billig: Alle Baumaterialien mussten normalerweise für viel Geld an den Bauplatz transportiert werden, für Fischers Entwurf benötigte man lediglich die Metallstreben und Zement. Alle anderen Stoffe konnten in der Nähe der Baustelle gewonnen werden. Der Bau wurde in wenigen Monaten von August bis November 1905 hochgezogen. Leider war bei der für den Frühling geplanten Einweihung, am 25. März 1906, das Wetter alles andere als frühlingshaft. Über diesen Spätwintertag wurde in den Blättern des Schwäbischen Albvereins geschrieben: »Statt des erhofften Frühlingswetters ein wun-

Eines der wenigen Gipfelkreuze der Alb steht auf dem Wackerstein.

derbarer Wintertag, so schneereich, so hell und so freundlich, wie man ihn nicht schöner wünschen kann.« Das Fest wurde von Hunderten von Zuschauern besucht und in den Albvereins-Blättern hieß es: »Möge sich die arbeitsmüde Welt von drunten und draußen recht oft und recht nachhaltig in der erhabenen Natur hier oben leiblich und geistig erholen und der Turm viele Jahrhunderte lang Zeugnis ablegen von den edlen Bestrebungen des Albvereins und seiner Gönner.«

Fischer »inszenierte« den Gewinn der Aussicht regelrecht, denn beim Besteigen geben nur kleine, schießschartenförmige Fensterchen Licht, die einst sogar mit undurchsichtigem Milchglas versehen waren, so dass die Spannung wuchs. Oben hat man durch zwölf Öffnungen Aussicht. Die Landschaft wird auf diese Weise gegliedert, ja richtiggehend eingerahmt. Auch Fischers »Einbahnregelung« war originell; sie wurde vorher nur bei Türmen in Grunewald/Berlin, Auchen und Oswitz/Breslau verwirklicht.

Ursprünglich dachte Fischer, dass sich der Turm mit Efeu, Flechten und Moosen überziehen und sich so dem Grün der Umgebung anpassen werde. Dies trog aber und man gab dem Turm schließlich ein leuchtendes Weiß – die »gefrorene Unterhose« war entstanden. Die rustikalen Holzschindeln auf dem Dach wurden 1926 durch die mittlerweile grün patinierte Kupferbedeckung ersetzt. Das am Turm angebrachte Schild trägt die Inschrift: »Erbaut 1905 vom Schwäb. Albverein unter tatkräftiger Mithilfe des Geh. Hofrats Louis Laiblin † 1927.«

Vom Turm aus sieht man am Fuß des Berges Pfullingen und Reutlingen, links davon den Georgenberg – einen Vulkanpfropf –, rechts die Achalm – einen Zeugenberg. Nach Nordosten hat man einen wunderschönen Blick entlang des Albtraufs bis hin zur Teck und bei guten Sichtverhältnissen bis zum Hohenstaufen. Der Turm ist ständig geöffnet, der Kiosk an Sonn- und Feiertagen, wenn die Fahne weht. Schutzhütte, Grillstellen und Kinderspielplatz laden ein, länger zu verweilen. Auskunft ist unter Telefon (0 71 21) 7 03 - 2 08 zu bekommen.

Wir gehen nach der Besteigung ein Stück am linken Waldrand entlang, dann zieht der Weg nach links in den Wald. Der »Wackerstein« ist unser nächstes Ziel. Schließlich kommen wir zu einer Verzweigung, wo sich viele Wege kreuzen. Wir merken uns diesen Punkt, denn hier gehen wir auf dem Rückweg mit dem Zeichen blauer Dreiblock rechts hinab. Jetzt aber steigen wir auf dem rechten der beiden geradeaus weiterführenden Wege an. Nach kurzem Bergauf zieht der Steig nach rechts, wir überqueren einen Forstweg und wandern weiter auf einem Steig bis zum *Wackerstein*.

Vom **Wackerstein** (825 m) hat man einen schönen Blick auf die hinter dem Taleinschnitt liegenden Berge und hinaus ins Vorland. Ein Teil des Wackersteins hat sich bereits vom Felskörper getrennt. Er ist mit einem Kreuz gekrönt, was auf der Schwäbischen Alb nicht allzu häufig vorkommt.

Nun führt der Weg wieder bergab. Nach einiger Zeit gehen wir auf einem schmalen und felsgesäumten Grat, verlassen danach den Wald und kommen auf die Freifläche des *Won*. Hier müssen wir uns entscheiden. Wer zur Nebelhöhle will, spaziert dem Zeichen folgend über die Wiesen, kommt wieder in den Wald und steht nach etwa einer halben Stunde vor der *Nebelhöhle*. Nach der Besichtigung kehrt man wieder an diese Stelle zurück.

Ansonsten drehen wir jetzt um. Ein Stück links von der Stelle, an der wir den Wald verlassen haben, führt ein mit dem blauen Dreieck markierter Weg wieder zurück zu der oben beschriebenen Kreuzung. Hier halten wir uns mit dem blauen Dreiblock links in Richtung »Pfullingen«. Nach kurzem Bergab biegen wir nach links in einen Forstweg ein, der quer verläuft. Etwas später trifft er auf das querende Mantalsträßchen, auf dem wir immer sanft bergab nach rechts marschieren. Nach vielen Windungen verlassen wir den Wald. Es geht kurz entlang von Wiesen, dann vorbei an einem Wohngebiet, nach dem wieder Baumwiesen folgen. Beim nächsten Wohngebiet biegen wir von der Ahlsteige nach rechts in die Friesenstraße ein. Sie mündet in die

Jahnstraße, die uns nach rechts zurück zum Ausgangspunkt bringt.

Blick vom Turm auf Pfullingen und die Achalm

- **Länge:**
  Etwa 9 ½ Kilometer; Erweiterung zur Nebelhöhle insgesamt etwa 3 Kilometer zusätzlich.

- **Zeit:**
  Etwa 3 Stunden (ohne Nebelhöhle).

- **Höhenunterschied:**
  Etwa 520 Meter.

- **Karte:**
  Freizeitkarte 523, Tübingen Reutlingen, Landesvermessungsamt Baden-Württemberg.

- **Einkehrmöglichkeiten:**
  Pfullingen, Nebelhöhle.

- **Grillmöglichkeit:**
  Won, Schönbergturm, Wackerstein.

- **Sonstiges:**
  Die Wanderung verläuft auf Naturpfaden und festen Wegen.

- **Für Eilige:**
  Einen kurzen Zugang hat man vom Wanderparkplatz auf der Wanne. Man biegt zwischen Pfullingen und Unterhausen bei der Gärtnerei rechts von der B 312 ab und hält sich auf der parallel verlaufenden Straße hinter der Gärtnerei links. Kurz danach werden wir nach rechts zum Schönberg verwiesen. Wir fahren am Talparkplatz vorbei – man beachte die Einbahnstraßenregelung – und kommen hinauf zum Parkplatz Wanne. Von hier aus ist man in nicht einmal einer Viertelstunde die hundert Höhenmeter hinauf zum Turm gestiegen.

Blick von Fels und Turm

Über den Bolberg zum Roßberg

Genkingen – Bolberg – Hirschhäusle – Roßberg – Rinderberg – Genkingen

Der Turm auf dem Roßberg ist einer der besten Aussichtspunkte der Schwäbischen Alb, aber auch der Blick vom Bolberg fasziniert. Die Wanderung dorthin führt durch prächtige Buchenwälder und über parkartige Wiesenflächen mit mächtigen Weidbäumen.

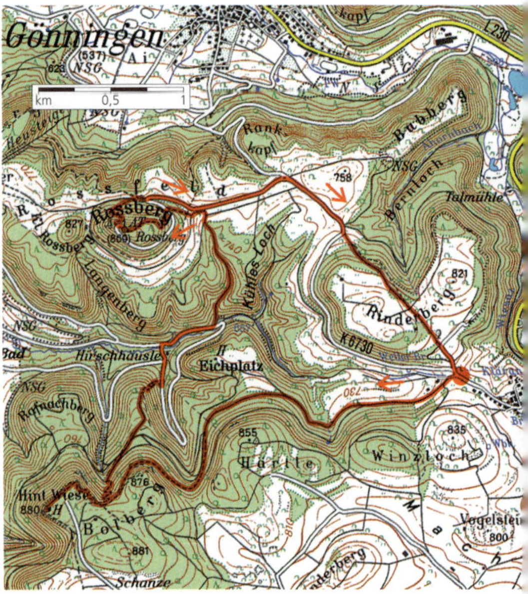

■ **Ausgangspunkt:** Sonnenbühl-Genkingen.

■ **Wegverlauf:** Am westlichen Ortsende weist ein Schild zum »Roßberg«. Wir folgen der Straße bis nach dem Ort, wo es erst rechts einen Parkstreifen, dann links einen Parkplatz gibt. Hier nehmen wir den nach links abzweigenden Weg, der mit dem roten Dreiblock markiert ist und zum

Ausblick vom Bolberg auf Öschingen und den Schönberger Kapf

»Bolberg« weist. Es geht zwischen Waldrand und Baumwiesen und dann im Wald weiter. Ab und zu bietet sich ein schöner Blick auf den Roßbergturm, der gleich einer Perle aus dem Blättermeer des Albwaldes aufblinkt. Im Wald orientieren wir uns an Verzweigungen immer an den zahlreichen Wanderzeichen. Schließlich zweigt der Wanderweg als Pfad nach links vom breiten Forstweg ab.

Sanft ansteigend bringt er uns zu der Abzweigung; hier geht der mit dem roten Dreieck markierte Weg rechts zum »Roßberg« ab. Wir steigen hier später ab; vorerst biegen wir aber kurz danach, jedoch noch vor dem breiteren Forstweg, nach rechts in Richtung »Bolberg« ab. Es geht ein Stück am Trauf entlang zu einem ersten Aussichtspunkt, von dem wir zum Roßberg und zum Albtrauf sehen. Wir folgen dem Pfad weiter und kommen zu einer Schranke. Nach rechts gehen wir in wenigen Minuten zum *Bolberg.*

Vom **Bolberg** (880 m) hat man einen prächtigen Blick ins Albvorland, zum Schönbuch, in die Stuttgarter Gegend und zum Schwarzwald. Die Aussicht ist auf einer Tafel erklärt. Markante Punkte sind beispielsweise der für seine Pflanzenwelt bekannte Filsenberg direkt zu Füßen des Aussichtspunktes,

Im Roßbergturm kann man sogar übernachten.

Rottenburg, der Kniebis (61 km), der Hohenasperg (56 km), Raichberg, Lochenstein und Hohenzollern. Die Holzhütte wurde 1930 von der Ortsgruppe Willmandingen des Schwäbischen Albvereins erbaut. Es gibt Bänke und einen Grillplatz.

Nun gehen wir zurück zu der oben erwähnten Abzweigung und folgen hier dem roten Dreieck. Es geht in Serpentinen hinab zu einem querenden Forstweg, dann auf diesem nach rechts. Ab hier bis zum Hirschhäusle ist der Wegverlauf auf der amtlichen Karte nicht richtig eingezeichnet. Kurz darauf zweigt unser markierter Wanderweg nach links vom breiten Forstweg ab. Erst breiter, dann als Pfad und im Zickzack bringt er uns hinab zu einem Forstweg, in den wir nach links einbiegen. Etwas später gehen Wege ab und wir sehen vor uns das *Hirschhäusle* (650 m). Wir marschieren an ihm vorbei und halten uns am dahinter verlaufenden breiten Weg rechts. Kurz danach zweigt der Weg zum »Roßberg« nach links ab. Es steigt an und wir kommen hinauf zu der großen Wiesenfläche und dem Parkplatz direkt unter dem *Roßberg*.

Nun halten wir uns links und folgen dem Wanderzeichen blaues Dreieck in den Wald. Immer ansteigend erreichen wir auf dem Pfad den *Roßbergturm*.

Über den **Roßbergturm** (869 m) heißt es in »Der Schwäbische Albverein und seine Wandergebiete« aus dem Jahr 1938: *»Wo früher ein Holzgerüst errichtet war, da baut sich heute ein fester Turm auf, ein Wahrzeichen von der Ferne, traulich grüßend, wenn die Sonne Turm und Berg leuchtend umspielt. … Wer den Roßberg ersteigt, braucht nur um sich zu blicken, um den Aufbau der Alb zu erkennen: ihre sinnfälligen Terrassen im Vorland und am Steilrand, die Vorberge draußen und die Kuppen auf der Hochalb, die Zertalung gegen Neckar und*

Donau, ein vielgestaltiges Auf und Ab von breiten Bergeshäuptern und steilen Abstürzen, von Felsvorsprüngen und tiefen Talrinnen. Wuchtig lastend ist der Filsenberg hingebaut, doch von allen Seiten greifen die Schluchten den Gebirgskörper an, nicht anders am höher ragenden Bolberg. Derselbe Reichtum der Formen am Stöffelberg drüben und am Pfullinger Berg oder zu beiden Seiten der Echaz. Es gibt Namen für das, was man sieht, aber was sie umschließen, geht nicht in Worte. Wenn der Neuffen und die Hohe Warte, der Raichberg und der Zoller herübergrüßen, so ist es, als könnte man nimmer fort, als müsste man immer nur da oben bleiben, die Berge und Täler der Heimat zu schauen.«

Der Roßberg ist ein steiler Bergkegel, der sich etwa hundert Meter über dem Roßfeld erhebt. Vorgänger des heutigen Turmes war ein Holzskeletttturm aus Eichenstämmen, von dem der Albvereinspräsident damals hoffte, er werde »bis in ferne Generationen dauern und der Nachwelt Kunde von schwäbischer Naturfreude« geben. Der langjährige Vorsitzende Eugen Nägele meinte auch: »Wie ein König beherrschend über hunderte von Quadratmeilen hin.«

Danach errichtete der Schwäbische Albverein 1913 anlässlich seines 25-jährigen Bestehens den 28 Meter hohen Turm in Stahlbetonbauweise, um seine Modernität und Leistungsfähigkeit zu zeigen. Bei einem Wettbewerb wurden 53 verschiedene Entwürfe eingereicht. Motive wie »Kirch-, Leucht- und Festungsturm, Taubenhaus, Fesselballon, Fernrohr, Kuppelbau, Flasche usf.« waren dabei, aber man wurde »am häufigsten an den Eiffelturm … erinnert«. Der Albverein entschloss sich dann zum Entwurf eines »Steinpilzes«, das als eines der ersten Bauwerke in Massivbeton errichtet wurde. Architekt war der Stuttgarter Karl Schweizer. Zur Einweihung hieß es: »Als Denkmal schwäbischer Freude an der Natur und schwäbischen Gemeinsinns, das ungezählte Generationen heimat- und bergfroher Wanderer als Ziel und Obdach dienen möge.« In den dreißiger und sechziger Jahren des 20. Jahrhunderts kamen Erweiterungen dazu.

Da man zur Bauzeit noch keine Rüttelmaschinen kannte und Sand und Kies nicht gewaschen wurden, wurde die Betonmasse im Laufe der Zeit porös und wasserdurchlässig. So musste der Turm 1991 renoviert werden.

Beim Turm befinden sich auch ein Wanderheim und ein Grillplatz. Der Turm hat dieselben Öffnungszeiten wie das Wanderheim; geschlossen ist von Montag 14 Uhr bis Mittwoch 8 Uhr. Das Besondere: Es ist der einzige bewohnbare Turm des Schwäbischen Albvereins, in dem man übernachten kann, sogar genau unter der verglasten Aussichtsplattform. Auskunft gibt es unter Telefon (0 70 72) 70 07.

Meisenbühl und Filsenberg, vom Roßbergturm aus gesehen

Im Nordosten sieht man den Albtrauf mit Urselberg, Wanne und Pfullinger Berg, Reutlingen und Pfullingen, im Südwesten den Filsenberg mit dem Maisenbühl und den Farrenberg. Nördlich liegt Tübingen und westlich Mössingen. Man sieht zum Schwarzwald, ins Gäu, zum Schönbuch, in die Stuttgarter Gegend und bis zum Stromberg. An seltenen Tagen reicht der Blick bis zu den deutschen Alpen mit Zugspitze und Allgäu, den österreichischen Alpen in Vorarlberg und den Glarner und Berner Alpen in der Schweiz. Markante Punkte sind in den Alpen Schesaplana (157 km), Zimbaspitze (154 km), Rote Wand (150 km), Churfirsten (140 km), Zugspitze (175 km), im Allgäu Nebelhorn (140 km), Hohes Licht (150 km), Mädelegabel (150 km), Widderstein (145 km), im Schwarzwald Feldberg (103 km), Herzogenhorn (105 km), Kandel (92 km), Kniebis (64 km), Schliffkopf (70 km), Hornisgrinde (73 km), Badener Höhe (70 km), Hohlohturm (63 km), Büchenbronner Höhe (60 km), ansonsten Rotenberg (41 km), Kernen (42 km), Hohenstaufen (56 km), Hohenrechberg (61 km) und Bussen (42 km).

Der Roßberg war schon früh beliebt – siehe das auf Seite 10 erwähnte Erlebnis des Karlsschülers Christoph Heinrich Pfaff, und auch Gustav Schwab schrieb 1823 in seinem ersten Wanderführer über die Schwäbische Alb: »*Es ist besonders bei den Tübingern althergebrachte Sitte, von allen Albgipfeln gerade den Rossberg zur Betrachtung des Sonnenaufgangs zu benützen.*«

Nach der Besteigung sollten wir zum *Quenstedtdenkmal* westlich des Gebäudes gehen.

Das **Quenstedtdenkmal** ist ein Steinobelisk mit einem bronzenen Porträtrelief und der Beschriftung: »Dem / geologischen / Erforscher der Alb / F. A. Quenstedt / Prof. in Tübingen / von 1837–1889 / 9. Juli 1893.« Der gebürtige Sachse Friedrich August von Quenstedt war in Tübingen Professor für Mineralogie, Geologie und Paläontologie. Von ihm stammt die Einteilung der heute noch in Süddeutschland üblichen Stufengliederung des geologischen Aufbaus der Schwäbischen Alb. Quenstedt war auch ein bedeutender Lehrer. Auf ihn geht vermutlich zurück, dass das Interesse an Versteinerungen in Württemberg besonders ausgeprägt ist. Vom Denkmal hat man einen schönen Blick hinab zur Roßwiese.

Nun gehen wir entweder auf dem Anstiegsweg zurück zum *Parkplatz* am Fuß des Berges oder folgen am Denkmal dem blauen Dreieck. Hierbei geht es erst im Zickzack etwas hinab, dann halten wir uns an einer Verzweigung rechts und spazieren am Fuß des Berges nach rechts weiter zum Parkplatz. Hier sehen wir in der parkartigen Landschaft links unter großen Bäumen Grillplätze.

Ab dem Parkplatz folgen wir vorerst dem Sträßchen. Es knickt nach wenigen Minuten nach rechts ab; bevor es noch einmal nach rechts abknickt, gehen wir mit dem Wanderzeichen rotes Dreieck geradeaus weiter in Richtung »Rinderberg/Genkingen«. Im Wald steigt der Weg etwas an, dann kommen wir zu den Wiesenflächen auf dem Rinderberg und spazieren hinab zum *Ausgangspunkt*.

- **Länge:**
  Etwa 12 Kilometer.

- **Zeit:**
  Etwa 3 bis 4 Stunden.

- **Höhenunterschied:**
  Etwa 700 Meter.

- **Karte:**
  Freizeitkarte 523, Tübingen Reutlingen, Landesvermessungsamt Baden-Württemberg.

- **Einkehrmöglichkeit:**
  Roßberg.

- **Grillmöglichkeit:**
  Bolberg, Roßberg, unterhalb des Roßbergs, links vom Parkplatz, beim Abstieg vom Rinderberg.

- **Sonstiges:**
  Die Wanderung verläuft auf Naturpfaden und festen Wegen.

- **Für Eilige:**
  Man kann entweder am Fuß des Roßbergs parken oder zum Aussichtsturm mit der Gastwirtschaft hinauffahren.

Aussicht vom Vulkan

Auf den Sternbergturm

Offenhausen – Jägertal – Sternbergturm – Aussichtspunkt Brünnele – Offenhausen

Ein beliebter Aussichtsturm des Schwäbischen Albvereins ist der Sternbergturm bei Gomadingen. Er liegt auf einem ehemaligen Vulkan, dessen Glutfluss vor rund 15 Millionen Jahren die Juraschichten durchbrochen hat. Der »hohle« Sternberggipfel war ein vulkanisches Maar, eine Einmuldung inmitten des härteren Weißjuragesteins. Es wurde später in Richtung Offenhausen ausgeräumt. Das dunkle Gestein im Kessel ist ehemalige Lava; auf dem Weg vom Gipfel nach Offenhausen ist der Basalttuff noch zu sehen.

- **Ausgangspunkt:**

Gomadingen-Offenhausen, Gestütshof.

- **Wegverlauf:**

Zuerst sollten wir den *Quelltopf* der Großen Lauter aufsuchen, die beim ehemaligen *Kloster* Offenhausen entspringt. Dann überqueren wir das Areal des *Gestüts* und halten uns dahinter mit dem Zeichen gelbes Dreieck rechts. Es geht an der Mauer entlang, dann erst am Waldrand vorbei, später im Wald in vielen Windungen, bis wir hinab ins *Jägertal* kommen.

Wer die Wanderung etwas verkürzen will, hält sich hier links und marschiert zur Landstraße. Ansonsten nehmen wir den befestigten Weg nach Westen. Kurz darauf werden wir nach links verwiesen. Wir gehen durch den Wald bis zu einer Lichtung, wo wir uns links halten. Wir wandern über Weiden, dann wieder im Wald bis zu einem Schotterweg, in den wir nach links einbiegen. Am nächsten Querweg orientieren wir uns links und stoßen nach einiger Zeit auf den durch das Jägertal führenden Weg. Nach rechts bringt er uns in wenigen Minuten zur Straße.

Wir überqueren die Straße und gehen dahinter etwa 150 Meter geradeaus in den Wald; dann weist uns das Zeichen nach links. Nun marschieren wir auf einem grasbewachsenen Naturweg bis kurz vor das Waldende, wo wir dem Zeichen nach rechts folgen. Es geht weiter durch den Wald bis zu einer Freifläche. Hier halten wir kurz nach links bis zu dem »Verkehrsdreieck«, dann nach rechts. Der Weg knickt gleich darauf nach links ab, zieht aber dann wieder über die Freifläche nach rechts.

Das Wanderheim auf dem Sternberg

Wir gehen schließlich über eine lang gestreckte Lichtung, bis wir rechts eine Hütte und vor uns zwei mächtige, als Naturdenkmal ausgewiesene Bäume sehen. Kurz darauf werden wir nun ohne Zeichen nach links zum »Sternberg« verwiesen. Wir biegen gleich wieder nach rechts ab. Der Weg zieht kurz darauf nach links und verzweigt sich dann. Nach links würde er zu einer Hütte am Waldrand führen. Wir gehen aber

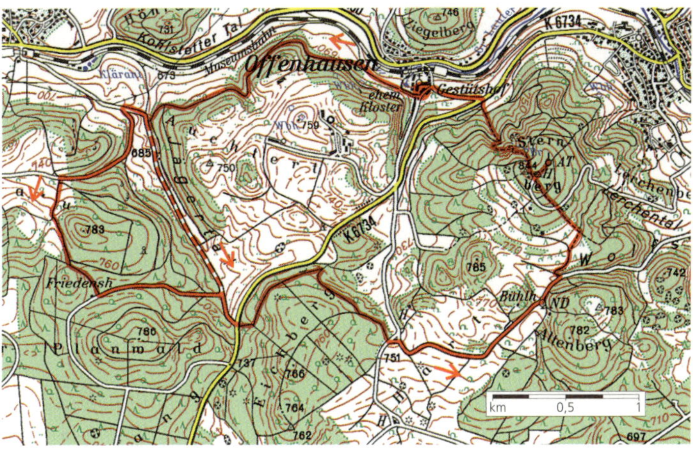

über die prächtige Wacholderheide, die uns auch eine erste Aussicht bietet, praktisch geradeaus hoch zum Waldrand.

Hier finden wir rechts die Lehrpfadtafel »Dolomitsandgrube«, dahinter diese Sandgrube. Weiter links stehen weitere Lehrpfadtafeln zu Halbtrocken- und Trockenrasen, Kreuzdorn und Wildrose sowie Nistkästen für Wildbienen. Wir gehen aber nach der Sandgrube geradeaus in den Wald hinein. Etwas später überqueren wir einen breiten Schotterweg und nach kurzem weiterem Bergauf erreichen wir das *Wanderheim Sternberg*. Dahinter steht der *Aussichtsturm*.

Beim Aussichtspunkt Brünnele

Der **Sternbergturm** (844 m) steht auf einer Kuppe, die sich mehr als hundert Meter über der Albhochfläche und beinahe 200 Meter über dem Tal der Großen Lauter erhebt. Ein erster Turm wurde 1894 als zehn Meter hohes Aussichtsgerüst errichtet. Es saß auf dem Astknoten eines Baumes und wurde über drei schmale Treppen erstiegen. Nachdem dieses Gerüst bedingt durch die Witterungseinflüsse zusammengebrochen war, hat man 1905 einen 26 Meter hohen Turm als verschalte Holzkonstruktion auf einem Betonsockel errichtet. Er wurde bei Regen und Schneegestöber am 8. Oktober 1905 eingeweiht. 1952 wurde er abgerissen und im Jahr darauf errichtete man etwa hundert Meter östlich einen 32 Meter hohen Holzturm. Wie bei den vorhergehenden stellte die Gemeinde Gomadingen das Bauholz zur Verfügung. Er wurde in vielen ehrenamtlichen Stunden erbaut. 2000 Besucher kamen am 28. Juni zur Eröffnung.

Hat man die 142 Stufen erstiegen, sieht man in östlicher Richtung in die flache, so genannte »Münsinger Schüssel« und auf den von einer Wacholderheide bewachsenen Schömberg. Nördlich sieht man den Albtrauf bei den Rutschenfelsen; im Südosten liegt die, allerdings eher zu erahnende, Kante des Tals der Großen Lauter. Auch zur Lauterquelle in Offenhausen und teilweise ins Lautertal hat man einen Blick. Der Turm ist ständig geöffnet. Es gibt eine Grillstelle. Telefonische Auskunft ist unter (0 73 85) 96 96-0 zu erhalten.

Beim Turm steht das 1980 bis 1982 errichtete Wanderheim Sternberg des Schwäbischen Albvereins, das auf dem Sockel des ehemaligen Turms errichtet wurde.

Nach der Besteigung gehen wir zurück zum *Wanderheim* und biegen hier rechts ab in Richtung »Offenhausen / Aussichtspunkt Brünnele«. Als Zeichen finden wir wieder das gelbe Dreieck. Es geht erst im Zickzack steil bergab, dann überqueren wir einen Schotterweg. Danach können wir einen Abstecher nach rechts zum *Aussichtspunkt Brünnele* machen. Erst kommt dabei das namensgebende Brünnele, danach eine Felsformation, von der wir weit ins Land blicken können. Wir gehen dann zurück zur Abzweigung und weiter bergab. Einen weiteren Weg überqueren wir und kommen danach zur Straße. Auf ihrer anderen Seite gehen wir durch die Allee hinab zur bereits sichtbaren *Gestütsanlage*.

Länge:
Etwa 11 Kilometer.

Zeit:
Etwa 4 Stunden.

Höhenunterschied:
Etwa 400 Meter.

Karte:
Freizeitkarte 524, Bad Urach, Landesvermessungsamt Baden-Württemberg.

Sonstiges:
Die Wanderung verläuft auf befestigten und Naturwegen.

Das Wanderheim hat wochenends von Samstag, 14 Uhr, bis Sonntag, 17 Uhr, geöffnet. Vom dritten Advent bis zum zweiten Sonntag im Januar ist es geschlossen. Auskunft gibt es unter Telefon (0 73 85) 17 79.

Das Gestütsmuseum hat zu folgenden Zeiten geöffnet: Mai bis Oktober Dienstag bis Freitag 14 bis 17 Uhr, Samstag 13–17 Uhr, Sonn- und Feiertag 10–12 und 13–17 Uhr.

Für Eilige:
Wer nur auf den Sternbergturm will, macht sich am besten von Offenhausen aus auf den direkten Weg. Man geht an der Gestütsanlage links vorbei und auf dem alleeartig mit Bäumen bewachsenen Sträßchen bis zur Landstraße. Dahinter führt der Weg geradeaus in den Wald. Wir gehen bis zu einem querenden Forstweg. Dahinter steigt es in Serpentinen an zum Gipfel des Sternbergs. Der Höhenunterschied beträgt etwa 180 Meter, die Entfernung hin und zurück etwa 3 Kilometer; man sollte insgesamt etwa eine Stunde kalkulieren.

Fachwerk und Aussicht

Von Trochtelfingen zum Augstbergturm

Trochtelfingen – Steinhilben – Augstbergturm – Neuban – Mägerkingen – Trochtelfingen

Diese Tour bietet verschiedene Höhepunkte. Zum einen bestícht der Ausgangs- und Schlusspunkt Trochtelfingen mit schönster Fachwerkromantik, zum anderen suchen wir zwei Aussichtspunkte auf. Außerdem bewegen wir uns in herrlichster Alblandschaft mit weiten Flächen und Wacholderheiden.

- **Ausgangspunkt:**
  Trochtelfingen.

- **Wegverlauf:**
  Wir verlassen *Trochtelfingen* in östlicher Richtung, der Beschilderung nach »Steinhilben« beziehungsweise dem gelben Dreieck folgend, das uns fast die ganze Strecke begleiten wird. Wir unterqueren die B 313 und wandern bis nach dem letzten Haus, wo uns die Markierung nach links verweist. Es geht durch den Wald leicht bergauf, danach über Wiesen und Felder. Nach der den Weg begleitenden Hecke müssen wir rechts zu dem Waldstück gehen und ihm folgen. Danach kommen wir an einem inte-

Der Augstbergturm

ressanten Dreier-Feldkreuz vorbei und erreichen bei der Landstraße *Steinhilben*.

Hinter der Straße folgen wir eine Weile der Augstbergstraße, bis uns ein Schild nach rechts verweist. Ein Stück nach dem Ort müssen wir nach links abbiegen, hoch zu dem bewaldeten Kapf. Nach dem Parkplatz sieht man im Wald eine Schutzhütte und einen Grillplatz; wir spazieren rechts daran vorbei und erreichen etwas ansteigend bald den *Augstbergturm*.

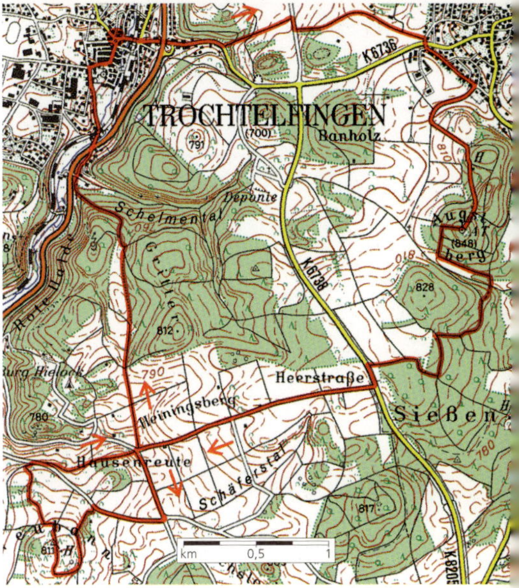

Der **Augstbergturm** (849 m) wurde erstmals 1894 von der Ortsgruppe Steinhilben des Schwäbischen Albvereins als 15 Meter hohes Gerüst auf der flachen Kuppe des Augstbergs erbaut. Bereits nach vier Jahren wurde er bei einem Gewitter zerstört. Man erbaute ein neues Gerüst, das sieben Meter höher war; auch dieses wurde 1908 vom Sturm zerstört. Rund ein halbes Jahrhundert später wurde dann der heutige, dreißig Meter hohe Turm erbaut, eine verschalte Holzkonstruktion auf einem Werksteinsockel. Die Einweihung war 1963. Dabei ist auch ein bewirtschafteter Unterstand.

Die Aussicht reicht, wenn man Glück hat, bis zum Schwarzwald, ins Rätikon, zu den Glarner Alpen und ins Berner Oberland. Im Nahbereich sieht man die bewegte Landschaft der Albhochfläche, im Westen und Nordwesten in Richtung Albtrauf mit Plettenberg und Raichberg – beide mit Fernmeldetürmen – und den Roßberg, im Nordosten den Sternberg. Der Turm ist ständig geöffnet, das Augstbergstüble von Mitte April bis Mitte November an Sonn- und Feiertagen. Auskunft kann man unter Telefon (0 71 24) 48 21 oder 17 07 erhalten. An einem Grillplatz lässt es sich gut verweilen.

Anschließend steigen wir, den Turm im Rücken, nach links ab. Ab nun orientieren wir uns am Wegweiser zum »AP Neuban«. Es geht erst kurz

Landschaft beim Augstbergturm

steil hinunter, dann biegen wir nach links ab. Wir verlassen den Wald und halten uns auf der lang gestreckten Lichtung links. An ihrem Ende kommen wir wieder in den Wald; gleich werden wir nach rechts verwiesen. Wir überqueren einen Schotterweg und steigen dahinter kurz auf einem Pfad an bis zu einem anderen Schotterweg, in den wir nach links einbiegen.

Er bringt uns in weitem Rechtsbogen bis vor ein Waldstück mit Nadelbäumen. Hier halten wir uns links. Bald darauf biegen wir nach rechts ab; es geht u-förmig etwas zurück, dann aber nach links zur Straße. Leicht nach links versetzt führt unser Weg weiter nach Westen. Er fällt nun eine Weile ab bis vor eine Kreuzung, an der eine Bank unter einigen Bäumen steht. Nun besteigen wir den Neuban. Hierzu halten wir uns links, an der nächsten Kreuzung rechts. Es steigt etwas an, erst durch eine hohlwegartig von Hecken gesäumte Gasse. Oben werden wir nach links verwiesen und erreichen nach kurzem Anstieg die Heide auf dem Gipfel des *Neuban*. Hier folgen wir nach links weiter dem gelben Dreieck, das uns um den Gipfel geleitet.

Die Heide auf dem **Neuban** oder Neubann, dessen Name von einem Banngebiet kommt, wurde 1960 zu einer »Oase der Ruhe« erklärt.

Nachdem wir an Grillplatz und Schutzhütte vorbeigekommen sind, geht es etwas bergab. Wir treffen auf den Weg, der unterhalb der Heide verläuft; etwas weiter rechts sind wir hochgestiegen. Wir halten uns kurz links, dann werden wir nach rechts zu dem Waldstück verwiesen. Wir gehen durch den Forst hindurch und bergab, am Schluss etwas nach rechts, bis zu einem Parkplatz an der nach links hinab nach Mägerkingen führenden Straße.

Wir aber gehen einige Meter nach rechts und nehmen den nach links abzweigenden Weg, der uns zu der oben erwähnten Kreuzung bringt. Nun biegen wir links ab und steigen empor zum Waldanfang; hier gehen wir geradeaus. Über die lange Lichtung spazieren wir an der rechten Seite entlang; an ihrem Ende geht es etwas nach links. In ihrem spitzen Ende nehmen wir den geradeaus nach Norden führenden Weg, der uns steil hinab zur Straße bringt. Ihr folgen wir nach rechts direkt entlang der Häuser.

Wo dieser Weg auf die Straße trifft, folgen wir der Straßenabzweigung nach links, halten uns aber gleich wieder rechts in die Straße »Am Hohen Turm«, die uns zur Ortsmitte Trochtelfingens bringt.

- **Länge:**
  Etwa 12 Kilometer.

- **Zeit:**
  Etwa 4 Stunden.

- **Höhenunterschied:**
  Etwa 300 Meter.

- **Karte:**
  Freizeitkarte 523 Tübingen Reutlingen, Landesvermessungsamt Baden-Württemberg.

- **Einkehrmöglichkeit:**
  Trochtelfingen.

- **Grillmöglichkeiten:**
  Vor dem Augstberg, auf dem Neuban.

- **Sonstiges:**
  Die Wanderung verläuft auf Naturpfaden und festen Wegen.

- **Für Eilige:**
  Kurz vor dem Aussichtsturm befindet sich ein Parkplatz, der von Steinhilben aus erreicht werden kann. Von ihm aus sind es nur wenige Minuten zum Turm. Zum Parkplatz unterhalb des Neuban fährt man am besten ab Mägerkingen.

Blick vom Augstbergturm in eine verschneite Landschaft

Herrliche Aussicht und drei Ruinen

Mit Ausblick ins romantische Lautertal

Hohengundelfingen – Hohenhundersingen – Bichishausen – Gundelfingen – Hohengundelfingen

Das Lautertal zählt zu den schönsten Gegenden der Schwäbischen Alb. Dementsprechend beliebt und bevölkert ist es an schönen Tagen. Ein Teil der Tour führt jedoch über die Albhochfläche, wo die Wanderer und Radfahrer nicht ganz so zahlreich sind wie im Tal selbst. Wir kommen an drei Burgruinen vorbei und haben von einigen Punkten einen prächtigen Blick ins Lautertal.

- **Ausgangspunkt:**
Münsingen-Gundelfingen, Parkplatz Hohengundelfingen.

- **Wegverlauf:**
Wenn man von Bremelau über Dürrenstetten nach Gundelfingen fährt, zweigt vom Sträßchen nach links ein Weg zur Ruine Hohengundelfingen ab. Er führt zu einem *Parkplatz,* von dem aus diese Tour beginnt.

Wir spazieren auf dem Sträßchen nach *Dürrenstetten* und dort durch den Ort. Beachten sollte man die »Gfriere«, ein kleines Häuschen rechts der Straße, in der sich früher die Gemeinschaftskühlanlage des Ortes befand. Gleich nach dem Dorf biegen wir mit dem Wanderzeichen gelbes Dreieck links ab. Mit teilweise weiten Blicken nach links – über das Lautertal hinweg auf die andere Talseite – spazieren wir bis kurz vor ein Wäldchen; hier bei den Hecken geht es mit einem Rechts-links-Knick weiter. Wir durchqueren das Waldstück, dann geht es bergab. Wir behalten unsere Richtung bei, gehen über eine Straße und wandern wieder auf einen Wald zu, den wir auf der Asphaltstraße durchqueren. Danach biegen

Blick von der Ruine Hohengundelfingen ins Lautertal

wir links ab. Etwas später sind wir an einem Hof, bei dem es nach links abgeht, nun wieder mit dem gelben Dreieck.

Wir wandern nach Süden bis zu einem Wanderparkplatz am Steilabfall, wo wir nach links zur »Ruine Hohenhundersingen« verwiesen werden. Es geht gleich nach rechts in den Wald hinein und im Zickzack zur *Ruine*. Von ihr aus hat man einen ersten schönen Blick hinab ins Lautertal.

Die **Ruine Hohenhundersingen** (690 m) ist von einer Burg übrig geblieben, die dem im 12. Jahrhundert mehrfach erwähnten hochadeligen Geschlecht der Hundersinger gehörte. Die in jenem Jahrhundert erbaute Burg wurde 1352 an Graf Eberhard II. den Greiner von Württemberg verkauft. Um 1530 wurde die Anlage zerstört. Aus staufischen Zeiten stammt der Bergfried mit seinem Eingang in sechs Metern Höhe.

Nach der Besichtigung nehmen wir den Pfad, der links von der Ruine nach links steil hinabgeht. Wir treffen im Ort Hundersingen auf die Landstraße. Auf ihr halten wir uns kurz links und biegen dann nach rechts in die Straße Herrengarten ein. Gleich nach der Lauter orientieren wir uns links und spazieren nun an der Lauter entlang nach *Bichishausen;* das Wanderzeichen ist ab nun der rote Strich.

In Bichishausen werden wir nach rechts verwiesen. Gleich nach dem Abbiegen können

Von der Ruine Hohenhundersingen aus gesehen wirken die Häuser von Hundersingen wie ein Spielzeugdorf.

wir einen Abstecher nach rechts hinauf zur *Ruine Bichishausen* machen. Danach wandern wir weiter an der Lauter entlang bis *Gundelfingen*. Nach den ersten Häusern und dem Atelier Geiselhart, wo wir eine Kunstausstellung besichtigen können, kommen wir zur Straße.

Auf ihrer anderen Seite gehen wir den Hohenhundersinger Weg steil hinauf. Nach einigen Minuten werden wir vom Sträßchen nach rechts in den Wald verwiesen. In Serpentinen steigen wir hinauf zur *Ruine Hohengundelfingen*.

Von der **Ruine Hohengundelfingen** haben wir den besten Blick dieser Wanderung. Man sieht teilweise über die Albhochfläche, nach Nord und Süd hinab ins Lautertal mit dem mäandernden Flüsschen, nach rechts zur Ruine Hohenhundersingen und zur Burg Niedergundelfingen, die auf einem typischen Umlaufberg direkt unterhalb der Ruine steht. Auch die Ruine Hohengundelfingen selbst ist eine interessante Anlage. Die Burg ist die größte der Lautertalburgen und wurde vermutlich von Swigger IV. von Gundelfingen im 12. Jahrhundert errichtet. Die Gundelfinger wurden 1293 letztmals auf der Burg erwähnt. Dann wurde das Bauwerk an die Habsburger verkauft und später an verschiedene andere Herren verpfändet. Ende des 14. Jahrhunderts wurde es im Städtekrieg zerstört. Gut erhalten beziehungsweise renoviert ist der mächtige Buckelquader-Bergfried aus dem 13. Jahrhundert.

Nach dem Besuch der Ruine spazieren wir in wenigen Minuten auf

Hohengundelfingen bietet auch lauterabwärts eine schöne Aussicht.

dem nach Nordosten führenden Weg zurück zum *Parkplatz*.

Länge:
Etwa 12 Kilometer.

Zeit:
Etwa 3 bis 4 Stunden.

Höhenunterschied:
Etwa 320 Meter.

Karte:
Freizeitkarte 524, Bad Urach, Landesvermessungsamt.

Sonstiges:
Außer auf dem angegebenen Parkplatz könnte man auch in den Orten, durch die man kommt, parken. Die Öffnungszeiten der Stiftung Anton Geiselhart sind von Mai bis Oktober donnerstags, freitags und samstags 14–17 Uhr, sonntags 11–17 Uhr.

Für Eilige:
Vom Ausgangspunkt ist man in fünf Minuten zur Ruine Hohengundelfingen spaziert. Oberhalb von Hohenhundersingen liegt ebenfalls ein Wanderparkplatz, von dem aus man in wenigen Minuten ganz gemütlich zur Ruine gelangen kann; auch vom Ort aus ist der Weg nicht weit.

Aussicht satt

Über den Raichberg zum Zeller Horn

Thanheim – Heiligenkopf – Zollersteighof – Raichberg – Zeller Horn – Mariazell – Thanheim

Diese Wanderung auf der Zollernalb bietet jede Menge Aussichtspunkte, zum Teil ins Land, zum Teil aber auch zum Hohenzollernschloss, darunter den berühmten »Postkartenblick« vom Zeller Horn. Auch den Aussichtsturm des Schwäbischen Albvereins auf dem Raichberg sollte man besteigen. Naturfreunde und geologisch Interessierte machen einen Abstecher zum Hangenden Stein.

- **Ausgangspunkt:** Bisingen-Thanheim.

- **Wegverlauf:** An der Straße von *Thanheim* Richtung Onstmettingen befindet sich kurz nach dem Ort nach einer scharfen Rechtskurve links ein Wanderparkplatz. Hier nehmen wir am Waldrand den mit dem blauen Dreieck nach rechts hinaufführenden Weg. Er bringt uns zu einer Ecke des *Heiligenkopfes,* wo wir uns mit dem roten Dreieck links halten. Nach dem Wald wandern wir kurz an einer Freifläche vorbei, wo wir rechts den Hof Geifitze sehen. Danach kommen wir wieder in den Wald; auch hier bleiben wir links am Trauf. Nun haben wir immer wieder Blicke nach links zum Hohenzollern. Schließlich verlassen wir den Wald und gehen über die Wiese nach rechts, dann nach links zum *Zollersteighof.* Wir wandern links an dem Gebäude vorbei und ein Stück geradeaus. An der Verzweigung bleiben wir auf dem rechten Weg, der uns hoch zum *Nägelehaus* und zum *Raichbergturm* bringt.

Der **Raichbergturm** (956 m) steht auf einer Kuppe auf der Albhochfläche inmitten einer recht urtümlich und teilweise parkartig wirkenden Landschaft mit Wacholderheiden

Der Raichbergturm beim Nägelehaus

und prächtigen Weidbuchen. An einzelnen Stellen wächst der Gelbe Enzian. Auch den herrlich duftenden wilden Thymian findet man in den Blumenwiesen.

Der 22 Meter hohe Turm wurde 1928 zusammen mit dem Wanderheim Nägelehaus in Betonbauweise erbaut. Die Aussichtsplattform befindet sich in 19 Meter Höhe über dem Boden. 1985/86 wurde der Turm von der Ortsgruppe Onstmettingen des Schwäbischen Albvereins renoviert. Man hat einen schönen Blick über die Landschaft des Raichbergs und das obere Schmiechtal mit Onstmettingen. Im Westen liegen die Balinger Berge mit dem Plettenberg, zu erkennen

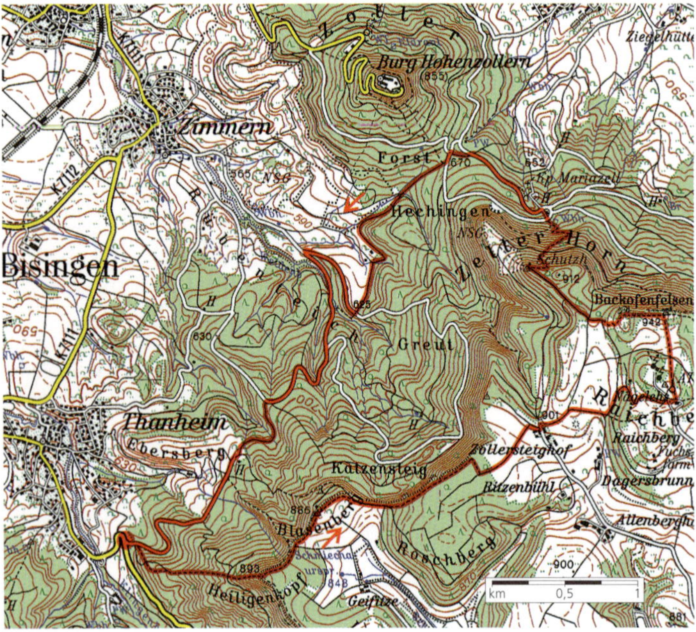

Der »Postkartenblick« vom Zeller Horn zur Burg Hohenzollern

an seinem Fernmeldeturm, dahinter kann man bei guter Sicht bis zum Schwarzwald – zwischen Feldberg und Hornisgrinde – sehen. Im Nordwesten erblickt man hinter dem Zeller Horn Hechingen, das Hohenzollernschloss überragt gerade noch den Wald; im Norden liegt die Wurmlinger Kapelle, östlich davon Tübingen. Im Osten findet man Dreifürstenstein und Heuberg, darüber die Salmendinger Kapelle und den Roßberg. Bei guter Sicht sieht man im Süden die Alpen von der Zugspitze bis zum Berner Oberland. Die Aussicht ist auf Tafeln erklärt. Wenn der Kiosk besetzt ist, kostet die Besichtung einen geringen Eintritt, ansonsten wird um Spenden gebeten. Der Turm ist an Sonntagen geöffnet, sonst ist der Schlüssel im Wanderheim zu erhalten.

Das Wanderheim Nägelehaus wurde nach Professor Dr. Eugen Nägele, einem Mitbegründer des Schwäbischen Albvereins, benannt. Es entstand aus dem Wunsch der bereits in den zwanziger Jahren des 20. Jahrhunderts fast 300 Mitglieder starken und aktiven Ortsgruppe Onstmettingen nach einem Wanderheim (und einem Aussichtsturm). Begründet wurde der Wunsch gegenüber dem Hauptverein damit, dass hier ein ideales Wandergebiet mit einer einzigartigen Aussicht sei. Die Ortsgruppe hatte auch schon einen Entwurf fertig und ein Grundstück gekauft. Hinzu kam, dass Eugen Nägele, damaliger Vorsitzender und Mitbegründer des Vereins, am 10. Juni 1926 seinen siebzigsten Geburtstag feierte. Im Oktober 1926 gab er auf der Hauptversammlung in Balingen bekannt, dass ihm der Ort gefalle; die Versammlung soll ihm »Glückauf dem Nägelehaus auf dem Raichberg« zugerufen haben. Vorher mussten noch Spenden gesammelt werden, und am 12. August 1928 konnte das Haus eingeweiht werden.

Nun hält man sich links und geht nach Norden bis zum *Backofenfelsen* (923 m). Man kann aber auch zuerst nach Osten hinab zum *Hangenden Stein* spazieren. Hier sieht man, wie sich der Albtrauf langsam von der Hochfläche löst und die Felsen abbrechen. Nun versteht man auch, warum die Schwäbische Alb im Laufe der Jahrmillionen immer kleiner wird – einst hat sie ja bis Stuttgart gereicht! Vom Hangenden Stein aus geht man links zum *Backofenfelsen*.

Hier wandert man mit dem Zeichen roter Strich nach Westen, hinab zu einem Schotterweg, in den man nach rechts zum »Zeller Horn« einbiegt.

»Das ***Zellerhorn,*** *ein wonniges Luginsland, das auch des Felsenschmuckes nicht entbehrt …«*

Otto Häcker in: Blätter des Schwäbischen Albvereins, 1905.

Ab dem Zeller Horn (912 m) geht man auf einem Steig im Zickzack hinab bis zu einer Skihütte mit Grillgelegenheit, dann weiter geradeaus zur *Wallfahrtskirche Mariazell.*

Bei der **Wallfahrtskirche Mariazell** unterhalb des Zeller Horns lag früher das Dorf Zell, das Ende des 15. Jahrhunderts abgegangen ist. Die hier wohnenden Schenken von Zell waren Ministerialen der Grafen von Zollern und nannten sich ab 1317 Schenken von Stauffenberg und verlegten ihren Sitz nach Lautlingen. Vielleicht waren sie mit den gleichnamigen zollerischen Truchsessen, die kurz zuvor ausgestorben waren, eine Verbindung eingegangen. Ihr berühmtester Vertreter war Claus Schenk Graf von Stauffenberg, der nach dem missglückten Attentat auf Hitler am 20. Juli 1944 ermordet wurde.

Die alte Burg der Schenken wurde schon 1439 als Burgstall bezeichnet. Das heißt, sie war schon damals abgetragen und existierte nicht mehr. Die aus der Gotik stammende Kirche Sankt Gallus wurde 1631 von schwedischen Truppen zerstört, 1643 zwar wieder aufgebaut, aber auf ihren Grundmauern hat man 1757 unter Fürst Josef Friedrich die Wallfahrtskirche errichtet. Sie ist recht einfach gehalten, besitzt aber noch eine Glocke in der so genannten Zuckerhutform aus der Zeit um 1200. Von Mai bis Oktober ist die Kirche sonn- und feiertags von 12 bis 17 Uhr geöffnet.

Die Kirche Mariazell steht an der Stelle eines ehemaligen Dorfes.

Vor dem Friedhof biegen wir links ab und gehen zu dem Schotterweg, der sich am Hang entlangzieht. Ihm folgen wir in Gehrichtung.

An einer Verzweigung, etwa hundert Meter vor einem Häuschen mit rotem Dach, halten wir uns mit dem roten Strich links, an der Abzweigung kurz danach noch einmal links, und gleich darauf an der nächsten Verzweigung an der *Hexenlinde* nehmen wir den rechten, breiten Schotterweg, der mit dem Zeichen blauer Dreiblock nach »Thanheim« zeigt. An der nächsten Abzweigung nach ein paar Minuten orientieren wir uns erst links, dann gleich wieder rechts, immer mit dem Wanderzeichen. Kurz danach haben wir einen schönen Blick zum Hohenzollern.

Wir wandern am Hang über einem Bauernhof und kommen danach aus dem Wald heraus. Für die nächste Zeit haben wir immer wieder schöne Sicht zum Zollernschloss. An einem vor uns liegenden Wald biegen wir rechts ab und gehen bis zu einem querenden Forstweg; hier zweigen wir nach links ab. Etwas später treffen wir wieder auf den markierten Wanderweg. Wir bleiben auf dem rechten Weg, der uns anfangs über dem Bach und in vielen Windungen langsam immer höher führt. Schließlich knickt der markierte Weg nach links ab.

Auf dem Ebersberg hoch über Thanheim

Kurz darauf verlassen wir den Wald und kommen zu der weiten Wiesenfläche des *Ebersberges*. Hier befindet sich ein wunderbarer Rastplatz mit Hütte und Grillgelegenheit. Nun sollten wir zum letzten Mal die großartige Aussicht genießen. Anschließend spazieren wir in einer Viertelstunde zurück zum Ausgangspunkt.

- **Länge:**
  Etwa 13 Kilometer.

- **Zeit:**
  Etwa 3 bis 4 Stunden.

- **Höhenunterschied:**
  Etwa 450 Meter.

- **Karte:**
  Freizeitkarte 523 Tübingen Reutlingen, Landesvermessungsamt Baden-Württemberg.

- **Einkehrmöglichkeiten:**
  Zollersteighof, Nägelehaus.

- **Grillmöglichkeiten:**
  Skihütte vor Mariazell; kurz vor dem Parkplatz am Ebersberg.

- **Sonstiges:**
  Die Wanderung verläuft auf Naturpfaden und festen Wegen.

- **Für Eilige:**
  Man kann auch zum Nägelehaus fahren.

Blick zu den Schweizer Alpen und zum Feldberg

Lochenstein und Plettenberg

Lochenpass – Lochenstein – Gespaltener Fels – Hoher Fels – Plettenberg – Hausen – Lochenpass

Diese Wanderung beinhaltet viele Höhepunkte: Zum einen hat man von den Bergen, die sich immerhin um die Tausendmetergrenze bewegen, immer wieder eine phantastische Aussicht – vom Lochenstein nach Norden mit der Burg Hohenzollern als Blickfang, vom Plettenberg aus zum Schwarzwald, ins Hegau und bis zu den Schweizer Alpen. Zum anderen sieht man einige beeindruckende Felsen, prächtige Wacholderheiden und alte, knorrige Bäume.

■ **Ausgangspunkt:**
Lochenpass südlich von Balingen.

■ **Wegverlauf:**
Wir gehen von der bergseitigen Einfahrt vom *Lochenpass* aus zum Parkplatz nach rechts auf dem markierten Pfad hinauf auf die Fläche des *Lochensteins*. Hier haben wir bereits die erste prächtige Aussicht der Wanderung.

Der **Lochenstein** (963 m) ist eine der markantesten Erhebungen der westlichen Schwäbischen Alb. Nach Norden und Westen fällt der beeindruckende Schwammstotzen siebzig Meter senkrecht ab. Der prächtige Felskoloss war eine Stätte altgermanischen Kultes, eine frühgeschichtliche Opferstätte. Auch soll hier im vierten Jahrhundert eine alamannische Ringburg gestanden haben, vor über 4000 Jahren sogar ein Dorf mit festen Holzbauten. Die Funde reichen noch viel weiter in die Jungsteinzeit zurück.

Als einer der wenigen Felsen der Schwäbischen Alb trägt der Lochenstein ein Kreuz. Man sieht nach Norden in Richtung Hohenzollern und entlang des Albtraufs, nach Westen in Richtung Schwarzwald.

Das Naturschutzgebiet Schafberg-Lochenstein ist 102 Hektar groß. Es wurde wegen seiner abwechslungsreichen Landschaft mit den dazugehörigen Lebensräumen unter Schutz gestellt. Man findet Felsen und Kuppen mit einer subalpinen Vegetation, durch Schafbeweidung entstandene Wacholderheiden mit den dafür charakteristischen Pflanzen und naturnahe Hangwälder.

»Die amphitheatralische Stellung des Gebirgs und die auserlesene Gestalt einzelner Berge – namentlich der Lochen mit ihrem rassigen Felsgebiss und der nordwärts noch hereinschauenden Glanzgestalt des Hohenzollern – bewirken, daß jener Balinger Bergkranz schon von erhöhten Standpunkten des Vorlandes aus, wie es zum Beispiel der ›Kleine Heuberg‹ bei Balingen ist, eine der bedeutsamsten und schönsten Stirnansichten der ganzen Alb gewährt. … Hier haben sich die beiden Glanzgipfel der Gegend, der Lochenstein und der Hohenzoller zu einem eigenartigen Gesamtbild vereinigt: in duftigem Licht stellt sich der zierliche Zollerkegel mitten in die Lücke hinein, die der gewaltige Felsenzahn der Lochen und der gegenüberliegende Waldhang des Schafbergs freigelassen haben. Es ist ein landschaftliches Kabinettstück, das allein schon die Fahrt zur Balinger Alb lohnt.« Mit diesen Worten pries Otto Häcker 1905 die Landschaft um Balingen in den Blättern des Schwäbischen Albvereins.

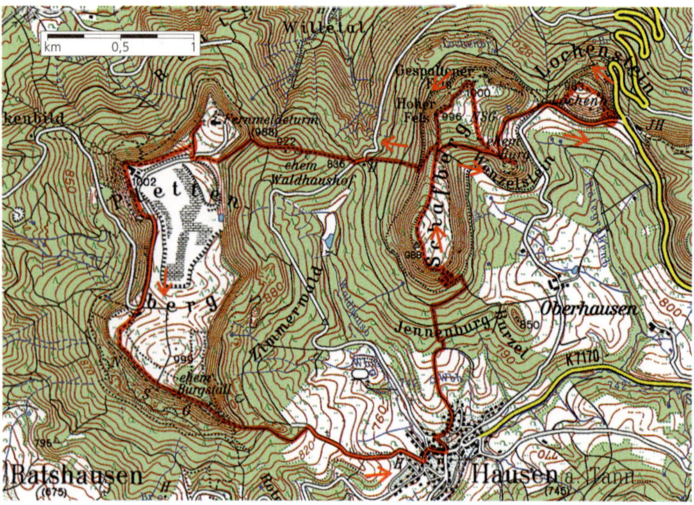

Die Aussicht vom Lochen wird auf einer Orientierungsscheibe erläutert.

Anschließend gehen wir vom Fels zu der bronzenen Orientierungsscheibe und kurz weiter nach Süden. Am Trauf führt ein schmaler, steiler Pfad hinab zu dem breiten Weg, der vom Parkplatz kommt. Wir gehen kurz nach rechts bis vor den Rastplatz; hier folgen wir dem schräg den Hang hinaufziehenden Weg in Richtung »Plettenberg«. Links von uns sehen wir eine schöne Wacholderheide. Am Waldrand angekommen, können wir kurz nach links auf den *Wenzelstein* gehen, auf dem sich früher eine Burg befand. Hier kommen wir auch auf dem Rückweg vorbei.

Ansonsten gehen wir auf dem nach rechts abknickenden, unbefestigten Weg, der, mit dem roten Dreieck markiert, links der Bank und an der linken Hangkante hochführt (wir folgen nicht dem Weg, der links davon relativ eben weitergeht). Unser Weg zieht bald etwas nach rechts, bringt uns aber geradeaus zum Trauf, wo wir den *Gespaltenen Fels* finden; auch er bietet uns einen schönen Blick. Hier sehen wir, wie sich die Hangkante langsam ablöst – in Jahrmillionen wird dadurch die Alb immer kleiner. So versteht man auch, dass dieses Gebirge einmal bis in die Stuttgarter Gegend reichte.

Nun halten wir uns links und spazieren am Trauf entlang zum *Hohen Fels,* der uns eine neue Aussicht bietet, denn wir stehen hier direkt gegenüber vom Fernmeldeturm auf dem Plettenberg. Ab nun geht es abwärts. Etwas später orientieren wir uns an dem nach rechts abknickenden Weg in Richtung

»Plettenberg«. Wir steigen nun steil hinab, erst im Zickzack, dann geradeaus bis zu einer Wegspinne, wo wir links eine kleine Hütte sehen. Nun geht es wieder nach oben.

Wo unser markierter Weg nach links abknickt, sehen wir über uns den *Fernmeldeturm* zwischen den Bäumen hervorblitzen. Vor dem Steinbruch zieht unser Wanderweg nach rechts hinauf, und wir gehen, gemäß dem Anschlag, entlang des Zaunes. Bald haben wir eine freie Sicht über die Wacholderheide zum Turm. Etwas später können wir nach rechts einen kurzen Abstecher zum 1997 errichteten hölzernen Bergkreuz machen. Von ihm aus sieht man hinab nach Dotternhausen und über die Flächen des Kleinen Heubergs bis zu den Höhen des Schwarzwalds. Danach spazieren wir zurück zum Zaun und folgen weiter dem Wanderweg.

Blick vom Albtrauf zum Plettenberg

Es geht dicht an den Betriebsgebäuden des *Steinbruchs* vorbei; dahinter erreichen wir einen weiteren Aussichtspunkt.

Der Name des einst Plaikten genannten **Plettenbergs** (1002 m) kommt vielleicht aus dem Keltischen. Die Hochfläche war von der Jungsteinzeit bis zur Alamannenzeit besiedelt. Ein Großteil des Berges dient heute als Steinbruch, in dem Malm-Kalke abgebaut werden. Man hat einen schönen Blick zum Klippeneck, zum Feldberg und zu den Schweizer Alpen. Auf dem Berg findet man mit Frühlingsenzianen und verschiedenen Orchideenarten eine interessante Pflanzenwelt.

Auch auf dem Weiterweg können wir eine Weile diese Sicht genießen. Etwas später ignorieren wir den Weg hinab zum Parkplatz, denn wir bleiben oben. Auf einem Pfad spazieren wir zu einer freien Fläche mit Bänken und einer Bronzeplatte, die uns die Aussicht erklärt.

Anschließend kommen wir auf dem Pfad, später einem befestigten Sträßchen, bis zu einer Hütte, die manchmal bewirtschaftet ist. Rechts davon geht der mit dem

Winterlicher Blick vom Plettenberg zum schneebedeckten Feldberg

Dreieck markierte Weg weiter, nun ist bereits »Hausen« angeschrieben. Wir erreichen den Trauf, der uns einen Blick nach Schömberg mit seinem Stausee bietet. Hier knickt der Weg nach links ab. Wir gehen vorsichtig immer am Trauf und an den Steilabbrüchen entlang und kommen zu der Burgstelle, wo sich früher die *Burg Plettenberg* befand.

Die ehemalige **Burg Plettenberg** wurde um 1150 als Plaikten erstmals genannt. Bei der Burgstelle fand man Stücke von Ofenplatten. Die »Vöste Plettenberg« war im 13. und 14. Jahrhundert im Besitz der Herren von Dotternhausen, Ministerialen der Grafen von Hohenberg. 1310 wurde sie im Reichskrieg des Königs Heinrich VII. gegen Graf Eberhard I. von Württemberg zerstört. Um 1340 vergab Herzog Friedrich II. von Österreich den Plettenberg mit dem Recht, eine Festung zu errichten, an die Ritter Wilhelm von Tieringen und Ludwig von Landau. Zwischen 1340 und 1580 wurde in Dotternhausen das Schloss »für das ienige, so auf dem Berg gestanden«, erbaut. Zu ihm gehörten die »obigen uralten Schlosses Freyheit«, das heißt, alle Rechte, die die alte Burg auf dem Plettenberg hatte.

Dahinter haben wir zum ersten Mal einen Blick nach links, nach Hausen und Tieringen beziehungsweise zum Schafberg. Ab jetzt steigen wir sehr steil auf Stufen abwärts. Heikle Stellen sind durch ein festes Eisengeländer entschärft. Der Pfad mündet in einen breiten Weg, der uns hinab nach *Hausen* bringt. Das Wanderzeichen ist nun die rote Raute.

In Hausen orientieren wir uns nach dem ersten Haus links und gehen nach dem Bach rechts zur Durchgangsstraße. Ihr folgen wir nach links. Danach halten wir uns gleich noch einmal links, gehen hoch zur Kirche und mit der roten Raute weiter zum *Schafberg*. Im Wald orientieren wir uns an einem Querweg rechts, dann geht es nach links weiter aufwärts. An der Abzweigung, an der wir vorhin nach rechts hinab zum Plettenberg abgebogen sind, halten wir uns jetzt rechts und kommen über den Wenzelstein zurück zum *Lochenstein*. An dessen Fuß spazieren wir nach rechts zurück zum Ausgangspunkt.

Gipfelkreuz auf dem Lochenstein

- **Länge:**
  Etwa 11 Kilometer.

- **Zeit:**
  Etwa 4 Stunden.

- **Höhenunterschied:**
  Etwa 500 Meter.

- **Karte:**
  Freizeitkarte 526 Sigmaringen, Landesvermessungsamt Baden-Württemberg.

- **Grillmöglichkeit:**
  Unterhalb des Lochensteins.

- **Sonstiges:**
  Die Wanderung verläuft auf Natur- und befestigten Wegen. Bei Feuchtigkeit können sie rutschig sein. Vorsicht an den Steilabstürzen!

- **Für Eilige:**
  Der Lochenstein liegt direkt über dem Parkplatz am Lochenpass. Unterhalb des Plettenbergs befindet sich ein Parkplatz, der von Dotternhausen aus erreicht werden kann.

Auf der Zollernalb

Weiter Blick vom Böllat

Pfeffingen – Heersberg – Schalksburg – Burgfelden – Böllat – Pfeffingen

Bei dieser Wanderung folgt ein Aussichtspunkt dem anderen: Erst genießen wir die Blicke vom Weg aus, dann wandern wir zur Schalksburg, und abschließend kommen wir zum Höhepunkt, dem Böllat, der einen weiten Blick ins Alpenvorland ermöglicht.

Blick vom Böllat zum Albtrauf mit Lochenstein und Plettenberg

■ **Ausgangspunkt:**

Albstadt-Pfeffingen, Wanderparkplatz.

■ **Wegverlauf:**

Wir fahren in *Pfeffingen* von der Durchgangsstraße die nach Süden führende und mit dem Wanderzeichen rote Raute markierte Burgfelder Straße hoch bis zu einem Parkplatz am Waldrand. Hier folgen wir dem Weg, der ohne Zeichen in Verlängerung des Parkplatzes links weiterführt. Es geht erst in den Wald, den wir dann wieder verlassen. Hier haben wir nach links über eine kleine Heide einen ersten schönen Blick hinab ins Eyachtal mit Margrethausen.

Der Weg zieht nach rechts in den Taleinschnitt des *Rohrbachs,* dann im Wald wieder nach links. Wir umrunden den Eckwinkel und kommen zu Sportplätzen. Hier halten wir uns erst links, dann vor dem nächsten Sportplatz rechts. Nach dem Sportplatz und dem Gebäude geht es links in die Heersteige. Sie macht ihrem Namen alle Ehre, denn jetzt geht es streng nach oben. Wir ignorieren den links abgehenden Weg und stehen nach anstrengendem Bergauf am Waldrand.

Hier brauchen wir etwas pfadfinderisches Geschick. Im Prinzip müssen wir über die Wiesen zum vor uns liegenden Trauf gehen. Wenn wir geradeaus weiterwan-

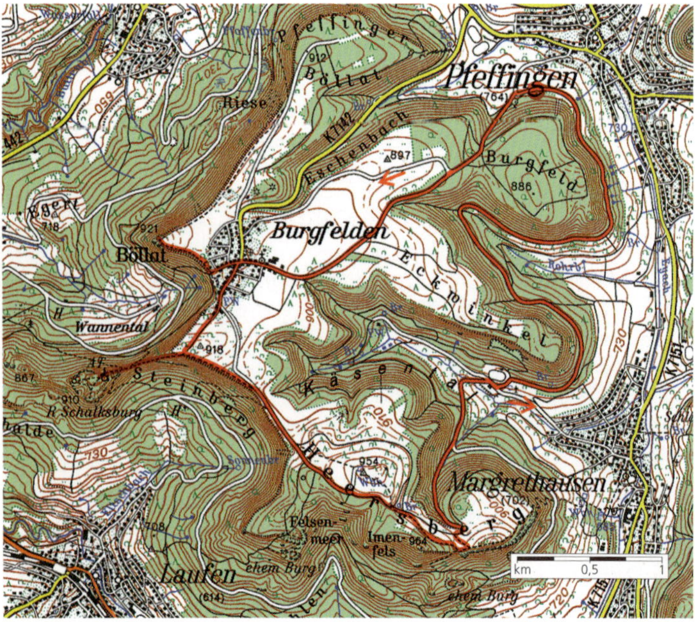

dern, kommen wir auf eine Kuppe (Waldabteilungsschild »42/3 Nußhecke«). Hier geht es rechts weiter; erst machen wir aber einen Abstecher nach links zu einem Aussichtspunkt, wie auch die folgenden mit Bank. Hier und an den folgenden Aussichtsstellen sieht man hinab ins Eyachtal und nach Lautlingen. Eine andere Möglichkeit ist, dass wir dort, wo wir den Wald verlassen haben, auf Pfadspuren halb links und relativ eben über die Wiese gehen. Dann kommen wir direkt zu diesem Aussichtspunkt. Wir gehen am Trauf entlang nach rechts, hoch zu der oben erwähnten Kuppe. Hier sieht man über die abfallende Wiese nach Osten hinab nach Margrethausen. Danach führt der Weg wieder abwärts.

Den links nach Lautlingen abgehenden Muliweg ignorieren wir. Es folgt ein weiterer Aussichtsfels. Wo der Weg nach »Lautlingen« etwas nach links in den Wald führt, halten wir uns in Richtung »Burgfelden/Böllat« rechts am Waldrand entlang. Nach dem Wiesenpfad stoßen wir auf den schon lange sichtbaren Feldweg. Etwas später können wir den rechts liegenden *Heersberg* besteigen. Von der Kuppe hat man nur einen Blick auf die nähere Umgebung.

Der Weg ist nun asphaltiert. Links sehen wir immer wieder Aussichtspunkte mit Bänken. Jetzt befindet man sich über Laufen. Schließlich kommen wir zu einem altertümlichen Wegweiser und

Der Bergfried der Schalksburg dient heute als Aussichtsturm.

einem rechts davon liegenden schönen Kinderspielplatz. Kurz danach zieht der Asphaltweg nach rechts, wir gehen aber auf dem Wiesenweg geradeaus weiter. Am Waldrand führt unser Weg später rechts weiter nach Burgfelden; vorerst spazieren wir aber geradeaus weiter. Es geht hinab und über einen schmalen Grat auf das Plateau, auf dem früher die *Schalksburg* stand. Auch hier findet man verschiedene Punkte, die eine schöne Aussicht bieten. Interessant ist auch der rekonstruierte Turm.

Die **Schalksburg** (910 m) war einst eine der größten und umfangreichsten Burganlagen der Schwäbischen Alb, was man heute nicht mehr

Blick übers Tal auf die Höhen der Schwäbischen Alb

erkennen kann. Der Bergsporn war schon viel früher besiedelt, denn hier fand man Gegenstände aus der Bronze-, der Urnenfelder-, der Hallstatt- und der La-Tène-Zeit, ebenso römische Scherben. Seit dem 12. Jahrhundert lebten auf der um 1100 entstandenen Burg die Herren von Schalksburg, aus denen die Grafen von Zollern hervorgingen. Über diese Familie wurden die Schalksburger Ahnherren der Großherzöge von Baden. 1403 verkaufte Graf Friedrich von Zollern die Herrschaft an Württemberg. Nach 1554 verfiel die Burg. 1624 wurde sie als »ein alt abgegangen Schloss« bezeichnet. 1957 bis 1960 hat man die Ruine wieder instand gesetzt und der Schwäbische Albverein baute den Bergfried als Aussichtsturm wieder auf.

Nach dem Aussichtsturm kann man auf einem Pfad nach links zur ehemaligen Kernburg an der höchsten Stelle gehen. Sie war an zwei Seiten durch steil abfallenden Fels geschützt. Etwas weiter auf dem Bergsporn kommt man zu einem kleinen, gemauerten Wandstück, einem Rest eines ehemaligen Turmes.

Nun gehen wir zurück und nach dem Wald links nach *Burgfelden*. Nach dem Bürgerhaus, wo wir im Sommer den schönen Bauerngarten beachten sollten, biegen wir vom Burgweg nach links in die Straße Im Gässle ein. Am Waldrand orientieren wir uns rechts und kommen in wenigen Minuten zum *Böllat*.

Am **Böllat** (921 m) hat man einen der herrlichsten Ausblicke nach

Westen, die der Albtrauf zu bieten hat. Von ihm aus reicht der Blick von den das Eyachtal begrenzenden Höhen mit dem markanten Turm auf dem Plettenberg über Balingen weit ins Albvorland. Rechts liegen Zillhausen und Streichen und der Albtrauf. Die Aussicht ist auf einer Tafel erklärt. Zum Böllat schrieb der Schwäbische Albverein 1938 in seinem Jubiläumsband »Der Schwäbische Albverein und seine Wandergebiete«: »… dabei liegt die sagenberühmte Schalksburg und der wieder ganz besondersartige Böllat. Was Eduard Paulus in humorvollem Ernst vom Böllat gesagt hat, das gilt für die ganze Zolleralb, ja für die Schwabenalb überhaupt: Ihr liebe Leut, was wöllet / Ihr immer in die Schweiz? / Ich führ euch auf den Böllet – / Gewißlich, keinen reut's!«

Nun spazieren wir auf dem Herweg zurück in den Ort und am abzweigenden Burgweg vorbei geradeaus in der Kesselstraße weiter. Wir orientieren uns an der roten Raute. Nach dem Ort kommen wir zum Waldrand, wo wir uns links halten. Kurz darauf kommen wir aber doch in den Wald. Wir gehen vorerst auf der Burgfelder Steige eben weiter und ignorieren den nach rechts hinabführenden Weg. Schließlich fällt unser Weg mit 25 Prozent Gefälle aber so steil ab, dass Radfahrer zum Absteigen aufgefordert werden. Danach liegt am Waldrand rechts der *Parkplatz.*

- **Länge:**
  Etwa 15 ½ Kilometer.

- **Zeit:**
  Etwa 4 bis 5 Stunden.

- **Höhenunterschied:**
  Etwa 350 Meter.

- **Karte:**
  Freizeitkarten 523 Tübingen Reutlingen und 526 Sigmaringen, Landesvermessungsamt Baden-Württemberg.

- **Sonstiges:**
  Die Wanderung verläuft auf festen, teilweise asphaltierten Feld- und Waldwegen, aber auch auf Naturpfaden.

- **Für Eilige:**
  Der nächste Zugang zum Böllat ist vom Parkplatz am westlichen Ende Burgfeldens aus. Zur Schalksburg und zu den Aussichtspunkten am Trauf kommt man am schnellsten, wenn man am südlichen Ortsende parkt und dann in wenigen Minuten zum Trauf spaziert. Kindern wird der herrliche Spielplatz gefallen, den man erreicht, wenn man dem Asphaltweg kurz nach links folgt. Auch zur Schalksburg ist es von hier aus – am Trauf nach rechts entlang – nicht mehr weit.

- **Zum Nachlesen:**
  Dieter Buck: Burgen und Ruinen der Schwäbischen Alb. Stuttgart 2000.

Kapelle mit Aussicht

Der Alte Berg auf dem Großen Heuberg

Alter Berg – Birental – Böttingen – Alter Berg

Bei Böttingen (Kreis Tuttlingen) befinden wir uns in einer noch wenig berührten Gegend auf der westlichen Schwäbischen Alb. Freunde stiller, unberührter Natur, die keinen großen Rummel suchen, sind bei dieser Wanderung auf dem Großen Heuberg gut aufgehoben. Wir bewegen uns auf einer Höhe zwischen 900 und 1000 Metern. Böttingen war mit 920 m. ü. M. lange Zeit der höchstgelegene Pfarrort Württembergs. Wer will, kann die Tour mit einem Abstecher zum Dreifaltigkeitsberg oder zum Klippeneck erweitern. Schön ist es im Frühsommer, wenn die Wiesen bunt blühen.

Die Kapelle auf dem Alten Berg

- **Ausgangspunkt:**
  Böttingen, Alter Berg.

- **Wegverlauf:**
  Wenn man von *Böttingen* in Richtung Mahlstetten fährt, findet man kurz nach der starken Steigung rechts der Straße einen Parkplatz. Von ihm aus spazieren wir in wenigen Minuten hoch zur bereits sichtbaren *Kapelle* auf dem Alten Berg.

Die auf dem **Alten Berg** (980 m) gelegene achteckige, rosarot gestrichene Kapelle scheint so gar nicht in die eher karge Umgebung zu passen. Besser könnte man sie sich in einem barocken Park vorstellen. Dabei wurde mit dem Bau erst 1907 begonnen, und zwar von Josef Huber aus Böttingen – seinem Namen entsprechend als Josefskapelle. Leider starb er vor der Fertigstellung. Der Bau wurde eingestellt und der Rohbau verkam im Laufe der Jahre. Da fiel 1919 der in Paris lebenden Valentine Maria Schmid, einer gebürtigen Böttingerin, bei einem Besuch in der Heimat der verwahrloste Rohbau auf. Sie ließ die Kapelle im Beuroner Stil zu Ende bauen; am Tag des Rosenkranzfests 1919 wurde sie geweiht. Ein Mönch aus Beuron, Pater Tutilo, schuf einen Kreuzweg mit Holzreliefs, dessen Stationen aber 1975 und 1980 gestohlen wurden. Auch heute noch ist die Kapelle Ziel frommer Pilger und an Tagen mit klarer Sicht vor allem von Ausflüglern, die einfach Natur und Aussicht genießen wollen. Bei entsprechender Wetterlage sieht man den Feldberg im Schwarzwald und bis zu den deutschen, Schweizer und österreichischen Alpen, vom Berner Oberland bis zum Karwendel. Die Aussicht wird auf einer Orientierungstafel erklärt.

Danach folgen wir dem mit dem Wanderzeichen gelbes Dreieck markierten Naturpfad hinab nach Süden in Richtung »Aggenhausen«. Es geht über eine Wacholderheide bergab, dann in den Wald und bis zu einem breiten Querweg. Wir halten uns links und kommen zu einem anderen Querweg, hinter dem wir durch die Schneise im Wald, das Storchentäle, weiterwandern. Danach kommen wir in einen nicht gerade schönen Wirtschaftswald, anschließend

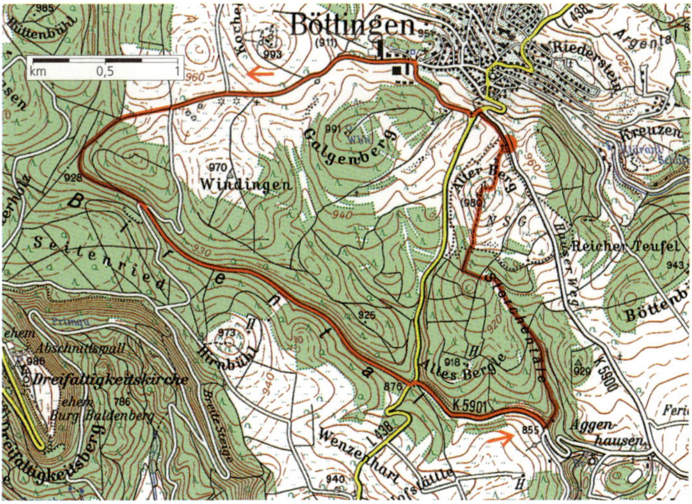

Blick vom Naturschutzgebiet Alter Berg auf Böttingen

spazieren wir durch ein schmales Waldtal bis zur Landstraße.

Hier halten wir uns rechts und marschieren ungefähr eine Viertelstunde neben der Straße bis zu einer Querstraße. Etwas nach links versetzt gehen wir jetzt auf einem Forstweg durch das *Birental* weiter. Erst sehen wir gelegentlich das Wanderzeichen roter Balken, später zieht der Weg nach rechts zu einer Verzweigung. Ab hier geht es mit dem gelben Dreieck weiter.

Wer möchte, kann von hier aus einen Abstecher machen; die Wanderung ist ja insgesamt nicht allzu lang. Wenn man sich links hält, kommt man nach etwa einem Kilometer zum Trauf. Hier kann man entweder links zur *Dreifaltigkeitskirche* oder rechts (etwas länger) zum *Klippeneck* wandern. Bei beiden Möglichkeiten bieten sich uns weitere schöne Aussichtspunkte. Unter anderem erblickt man Spaichingen und Rottweil, bei guter Sicht fast den ganzen Schwarzwald von Süden nach Norden und einen Teil der Alpen. Außerdem kann man sowohl beim Dreifaltigkeitsberg als auch beim Klippeneck einkehren.

Zurückgekehrt ins *Birental* wandern wir in Richtung Böttingen weiter. Kurz danach verlassen wir den Wald und gehen über Wiesen auf einem Naturweg bis zu einem asphaltierten Weg. Auf diesem wandern wir vorbei an einer idyllisch von einem mächtigen Baum beschützten kleinen Kapelle bis

Eine einsame Wegkapelle bei Böttingen lädt zur Andacht ein.

zum *Industriegebiet* von Böttingen. Nach den Gewerbeanwesen fällt die Straße steil ab in den Ort, wir biegen aber rechts ab in Richtung »Alter Berg«. Wir kommen zu einer Landstraße, von wo aus wir bereits die Kapelle sehen. Jetzt gehen wir neben dem noch vom Anfang her bekannten Sträßchen in Richtung Mahlstetten und sind in wenigen Minuten zurück am Ausgangspunkt.

Länge:
Etwa 9 ½ Kilometer (ohne Erweiterung).

Zeit:
Etwa 3 Stunden (ohne Erweiterung).

Höhenunterschied:
Etwa 180 Meter (ohne Erweiterung).

Karte:
Freizeitkarte 526, Sigmaringen Tuttlingen Naturpark Obere Donau, Landesvermessungsamt Baden Württemberg.

Sonstiges:
Die Wanderung verläuft vor allem auf Naturwegen und geschotterten Forstwegen, teilweise auch auf asphaltierten Sträßchen.

Für Eilige:
Vom Ausgangspunkt aus ist man in wenigen Minuten hoch zum Gipfel spaziert.

Zu Aussichtsfelsen und seltenen Pflanzen im Donautal

Rauher Stein und Eichfelsen

Beuron – Wanderheim Rauher Stein – Eichfelsen – Langenbrunn – Sankt Maurus – Beuron

Diese Wanderung führt zu herrlichen Aussichtsfelsen hoch über dem Donautal. Außerdem kann man einen sehenswerten Felsengarten besuchen, in dem seltene und gefährdete Pflanzen angebaut werden. Ein Stück des Weges führt durch das schaurig-romantische Finstertal, in dem mächtige Felsungetüme den Weg säumen.

- **Ausgangspunkt:**
  Beuron.

- **Wegverlauf:**
  Wir stellen das Fahrzeug auf den großen Parkplätzen in *Beuron* ab; bei schönem Wetter ist frühes Kommen sinnvoll. Dann gehen wir zur Straße durch das Donautal und halten uns kurz links, bis der Edith-Stein-Weg rechts nach »Maria Trost« abgeht. Unser Wanderzeichen ist die rote Raute in Richtung »Rauher Stein«. An dem großen Kreuz am *Heim* halten wir uns links. Der Weg beschreibt gleich darauf eine Rechtskurve und bringt uns zu einem Wasserbehälter. Vor ihm geht nach rechts ein Weg ab und von diesem nach links steil aufwärts führend ein schmaler, etwas vernachlässigter Pfad, der am Anfang auch kein Zeichen trägt. Er bringt uns im Zickzack hoch zu einem breiten Forstweg, in den wir nach rechts einbiegen.

  Etwas später können wir rechts zum *Spaltfelsen* (500 m) gehen, der uns einen ersten schönen Tiefblick bietet, kehren anschließend aber wieder zurück zum Forstweg. Er knickt kurz danach links ab, etwas später noch einmal; hier gehen wir aber mit dem Zeichen geradeaus weiter. Kurz darauf geht es steil hinab und aus dem Wald hinaus. Auf dem Asphaltsträßchen danach halten wir uns rechts zur Kläranlage. Hinter ihr werden wir nach links hinauf zum *Wanderheim Rauher Stein* verwiesen.

Beim Wanderheim des Schwäbischen Albvereins befindet sich der erste Aussichtsfelsen, der *Rauhe Stein*, der uns einen wunderbaren Blick zur Burg Wildenstein bietet.

Der **Rauhe Stein** (786 m) ist ein prächtiger Aussichtsfels mit Blick ins Donautal. Man sieht (etwas versteckt) Beuron, die Donauschleife bei Sankt Maurus und die Burg Wildenstein. Das Wanderheim des Schwäbischen Albvereins wurde 1961/62 erbaut. Es gibt Einkehr- und Übernachtungsmöglichkeit.

Wir spazieren nun mit dem Wanderzeichen rotes Dreieck auf gut ausgeschildertem Weg in etwa einer halben Stunde zum *Eichfelsen*. Der Weg führt uns immer am Trauf und am Waldrand entlang, teilweise auch im Wald.

Der **Eichfelsen** (786 m) ist einer der schönsten Aussichtspunkte im Donautal. Man sieht zur Burg Wildenstein mit ihrem beeindruckenden Felskranz, über den markanten Korbfelsen zum Schloss Werenwag, zur Burg Wildenstein, zum Schaufelsen, zum Fachfelsen und zum Bandfelsen.

In der Nähe liegt der Irndorfer Felsengarten, in dem man seltene Pflanzen finden kann. Hier sieht man, dass die Felsvegetation des

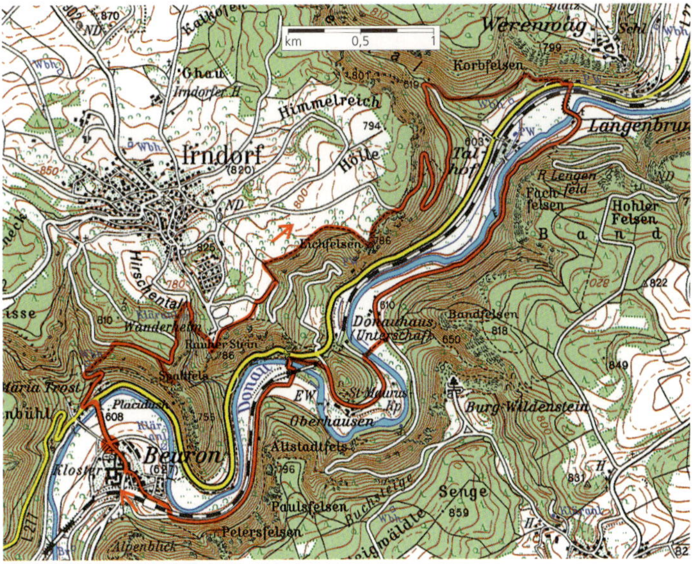

Oberen Donautales etwas Besonderes ist, vergleicht man sie mit anderen Standorten der Schwäbischen Alb. Hier im mittleren Abschnitt des Durchbruchstales gibt es viele botanische Attraktionen wie Reliktpflanzen aus den Eiszeiten oder Pflanzen, die sonst nur in den Alpen vorkommen. Es wachsen seltene und geschützte Pflanzen der Standorte Felsplateau, Felskopf, Felsband, Felswand, Felsschutthalde. Sie wurden ab 1999 teilweise als Samen in der Umgebung gesammelt, im botanischen Garten der Universität Tübingen »großgezogen« und dann wieder hierher gebracht.

Nach dem Eichfelsen wandern wir kurz auf einem Pfad im Wald weiter. Dann stoßen wir auf einen Forstweg, der uns bergab führt. Zuerst kommt eine scharfe Rechts-, dann eine Linkskurve, danach gehen wir mit schönem Blick auf Werenwag und das Donauhaus im Tal hinunter zum *Finstertal*. Wer ein romantisches Tal mit mächtigen, schauerlichen Felsungetümen sehen möchte, biegt nun links ab und folgt diesem Tal ein wenig, kehrt aber wieder hierher zurück. Dann folgen wir auf der (von Richtung Eichfelsen aus gesehen) anderen Seite weiter den Wanderzeichen rote Raute und rotes Dreieck. An der Verzweigung halten wir uns rechts, nicht mit dem Dreieck hinauf nach Werenwag, sondern hinab zum Parkplatz nach *Langenbrunn*.

Herrlicher Blick aus dem Donautal auf Schloss Werenwag

Wir überqueren vor der Ansiedlung die Straße und die Donau und halten uns dahinter rechts. Wenn wir zurückschauen, haben wir prächtige Blicke auf das Schloss Werenwag – zwar nur von unten, aber es ist trotzdem ein lohnender Anblick. Entlang der Donau geht es mit dem Wanderzeichen roter Dreiblock bis zum *Donauhaus* und dahinter zum Donausteg. Hier überqueren wir die Donau erneut nach rechts und halten uns dahinter links. Man hat von hier einen schönen Blick zur Burg Wildenstein. Dann kommen wir zur *Kapelle Sankt Maurus,* die 1898 im Stil der »Beuroner Kunstschule« erbaut wurde.

Kurz vor der Straße hält man sich links und wandert mit dem roten Dreiblock in Richtung »Beuron«. Kurz danach überquert man

Das Kloster Beuron, vom Spaltfelsen aus gesehen

bei der Eisenbahnbrücke die Donau nach links und spaziert auf dem Radweg weiter. Vor dem Beuroner Bahnhof kann man die Gleise nach rechts überqueren und kommt so direkt zum Bahnhof mit dem *Naturschutzzentrum*.

- **Länge:**
  Etwa 14 Kilometer.

- **Zeit:**
  Etwa 4 Stunden.

- **Höhenunterschied:**
  Etwa 250 Meter.

- **Karte:**
  Freizeitkarte 526, Sigmaringen Tuttlingen Naturpark Obere Donau, Landesvermessungsamt Baden-Württemberg.

- **Einkehrmöglichkeiten:**
  Wanderheim Rauher Stein, Beuron.

- **Grillmöglichkeit:**
  Wanderheim Rauher Stein.

- **Sonstiges:**
  Die Wanderung verläuft auf Naturpfaden und festen Wegen.

- **Für Eilige:**
  Zum Spaltfelsen ist man von Beuron in kurzer Zeit emporgestiegen. Vom Wanderheim Rauher Stein spaziert man in dreißig Minuten zum Eichfelsen und zum Felsengarten.

- **Zum Nachlesen:**
  Dieter Buck: Das große Buch der Oberen Donau. Leinfelden-Echterdingen 2003.